揭秘中国财富

董明珠
世界会看到你的匠心

启 文 编著

山东画报出版社

图书在版编目（CIP）数据

董明珠：世界会看到你的匠心 / 启文编著 . -- 济南：山东画报出版社，2020.5
（揭秘中国财富）
ISBN 978-7-5474-3513-7

Ⅰ.①董… Ⅱ.①启… Ⅲ.①董明珠—生平事迹②家电企业—工业企业管理—经验—珠海 Ⅳ.① K825.38 ② F426.619

中国版本图书馆 CIP 数据核字（2020）第 079482 号

董明珠：世界会看到你的匠心
DONG MINGZHU: SHIJIE HUI KANDAO NI DE JIANGXIN
（揭秘中国财富）
（JIEMI ZHONGGUO CAIFU）
启　文 编著

责任编辑　张雅婷
装帧设计　青蓝工作室

主管单位　山东出版传媒股份有限公司
出版发行　山东画报出版社
　　　　社　　址　济南市市中区英雄山路 189 号 B 座　邮编 250002
　　　　电　　话　总编室（0531）82098472
　　　　　　　　　市场部（0531）82098479　82098476（传真）
　　　　网　　址　http://www.hbcbs.com.cn
　　　　电子信箱　hbcb@sdpress.com.cn
印　　刷　北京一鑫印务有限责任公司
规　　格　870 毫米 × 1220 毫米　1/32
　　　　　　6 印张　152 千字
版　　次　2020 年 5 月第 1 版
印　　次　2020 年 5 月第 1 次印刷
书　　号　ISBN 978-7-5474-3513-7
定　　价　178.80 元（全 6 册）

前　言

　　董明珠是空调业的风云人物。她领导的格力电器连续多年在空调产销量、销售收入、市场占有率几方面居中国市场首位，家用空调产销量连续 3 年蝉联世界第一。她将格力电器发展为"世界名牌"和"中国空调行业标志性品牌"。公司年营业总收入，由成立之初的 1 亿增长为 2018 年的 2000 亿。成就的取得源自格力对空调行业的执着精神和体制上彻头彻尾的转变，同时，也充分地彰显了董明珠的职业精神、做企业的方法以及成就事业的原则。有人曾把董明珠对商界的贡献归纳为：技术创新、营销创新、管理创新和人才组织创新。

　　技术创新，即"把格力产品做成艺术品"。从变频空调、中央空调、离心式冷水式机组空调等，格力一次次通过自主研发打破国外的技术壁垒。董明珠常说："没有创新的企业是没有灵魂的企业。"正因对技术创新的不断追求和对质量的无限执着，格力的产品经受了长久的时间考验，从国内走到国外，实现了国际化的梦想。

　　营销创新，是董明珠在商界最值得称道的方面。她带领格力推出的"淡季贴息返利"模式、"年终返利"模式既是首创，又被现代企业普遍沿用。首创的"区域性销售公司"模式更是成为众多企业效仿的制胜市场的重大法宝。营销上的屡次创新，既促进了空调市场健康发展，又保护了广大消费者权益，同时也得到了各级经销商的欢迎，一举三得，这令格力在销售方面远远超越对手。

在管理创新和人才组织创新方面，董明珠"刚柔并济"。刚性原则在于严格的管理制度。制度就是一道高压线，谁也不能碰，否则就要付出相应的代价。"就像行人不能走机动车道一样，否则就乱了，这是个很简单的道理。"柔性原则是注重人才的培养和对人才的关怀。董明珠认为，一个企业一定要呵护自己的员工，要舍得付出。而对人才的负责，是对优秀管理制度的落实，有良性制度落实，人才才能得到实惠和发展。

作为一个企业家，董明珠的优秀之处不仅在于一系列的创新，还在于她带领格力于工业精神上的坚守和对做社会事业的伟大愿景。"真正的财富不在于拥有多少亿的资产，而是取决于创造了多少社会尊重、解决了多少就业与困难，这是我一直坚持的理念。"

董明珠对信仰、对梦想的坚持，对传统的挑战，对一切新事物的强烈好奇，让她在物欲横流、金钱至上的社会里守住了自己的奋斗目标，守住了格力的发展道路。

本书以事实为基础，辅以董明珠的真知灼见，完整地呈现了董明珠带领格力勇敢前行的风雨历程。希望读者能通过她的经历，认真思考自己的人生，收获精神上的激励与启发。

目　录

第七章 "我唯一的特质就是坚持"

第一章
找现实可行的生存路线

对自己狠一点儿。逼自己努力，再过五年你将会感谢今天发狠的自己、恨透今天懒惰自卑的自己。

把性格融入事业当中

　　过去有人说，烟雨秦淮唯南京既有王气，又有古韵，还有江南温婉。董明珠就出生在这个性格多变的城市中的一个普普通通的家庭。虽然她是家里的第七个孩子，可是她的出生依然给这个家庭带来了喜悦，一如她的名字"明珠"——父母的掌上明珠。在父母兄姐的细心呵护下，董明珠非但没有江南女孩儿的爱娇之气，反而性格独立、乖巧懂事，跟个"小大人"一般。她就像这南京城一样，有着江南女孩特有的温婉，也沾染了古城王气的倔强。

　　学生时代的董明珠是老师眼中懂事的"三好生"，老师们对她的评价是内向却好强。那时候的董明珠，写作业要求自己不能出一点儿错误，"老师们总是把我的作业本当成范本让同学学习。越是向我学习，我做起作业来越是认真，作业完成得越好"。她这种较真的性格，至今都是如此。

　　1975年，董明珠从安徽省芜湖干部教育学院统计学专业毕业，被分配到南京一家化工研究所做行政管理工作，工作之后不久就走入婚姻殿堂，在28岁时和丈夫迎来了他们爱情的结晶——儿子东东。

然而，命运总是给人带来考验。当董明珠以为自己会一直这样过着相夫教子的幸福生活时，丈夫的突然病逝令她的人生跌入了深渊。那时她还不到 30 岁，年幼的儿子懵懂地坐在她的怀里，尚不知失去父亲的意义。看着儿子清澈的眼神，她告诉自己，她没有时间去悲伤，因为她还有孩子要照顾，还有家庭要支撑。

命运的捉弄和岁月的艰辛激发了她骨子里的韧性，她开始了与生活抗争的辛苦历程。结婚以后，家里的顶梁柱一直是丈夫，失去顶梁柱以后，她在化工研究所做行政工作的收入开始渐渐不能满足她和孩子的需要。

20 世纪 80 年代末 90 年代初，南下打工潮如火如荼地兴起了。数以万计的国有企业工人下岗、大批乡镇企业倒闭、农民加入打工浪潮，形势的变化让董明珠有了危机感，同时也感受到了时代的诱惑。左思右想，再三权衡利弊，她认为自己不能再过这样平淡且无法确保将来的生活，于是决心辞职，加入南下大潮，彻底改变一成不变的生活。

这样的决定当然遭到家里人的一致反对，兄姐都觉得她疯了——竟然要丢下儿子南下，父母也开始做她的思想工作。可是董明珠的倔强劲儿上来，谁也阻止不了。她始终觉得，生活总会有乌云遮眼的时候，但也总会有云开雾散的一天。只要坚持按自己的理想走下去，就一定会有成功的一天。

她忍痛对父母说："东东不会失去妈妈的，永远不会，我们只是暂时分开，等我稳定下来，就把他接过来。"很多年后，回想当时的决定，她曾一度感觉到很痛苦。自她南下，每每只有出差时才能有时间回家看儿子。进了家门，儿子总是不说话，只是依偎在她的怀里，用小手紧紧地抓着她的手，生怕一松手，她就不见了。

有一次，她准备回深圳，出门时忘了拿东西，回到屋子里经过儿子的房间，看到蒙着被子睡觉的儿子，她几乎不敢走过去再看一眼。当她轻轻掀起被子的时候，发现儿子已经哭成了泪人儿，眼泪鼻涕蹭了一床，她差点就崩溃地痛哭出来。儿子还擦着眼泪对她说："妈妈你快走吧，我没事啦！"

性格再刚强，她仍是一个母亲，多年未能尽心照顾儿子成了她心中永远的痛。但是生活就是这样，选择了一个折点拐过去，就注定与自己所珍惜的不在一条平行线上。收拾好行囊，带着不舍的泪水，董明珠踏上了南下深圳的火车。

一列列缓慢南下的绿皮车厢内，过道挤得水泄不通，就连座位底下、行李架上都挤满了南下的打工者。跻身这样的人群中，董明珠既感到陌生，又觉得不适，可是她已经没有退路了。到了深圳，她在一家化工企业打工，偶然的一次机会，她出差到珠海，她一下子被这个城市吸引了。

珠海在 1980 年成为经济特区，是中国最早实行对外开放政策的四个经济特区之一。它是个花园城市，又有不断建立起来的经济开发区，城市的生命力令董明珠动心了。经过应聘她进入了珠海海利空调厂，海利就是格力空调的前身，这次不是做她熟悉的行政工作，而是成为一名基层的业务员。

业务员，在当时几乎与"推销员"画上等号，说白了，就是走出办公室，到大众市场上卖产品。营销对于董明珠来说，是一个完全陌生的工作，她一窍不通，却只能硬着头皮上。这时候的中国正从计划经济向市场经济转型，经济体制转型带来的是市场的多级裂变，营销行业正是在这裂变阵痛中应运而生。对很多打工者而言，做营销工作是个巨大的挑战，而挑战也是机会，机会只留给有准备的人。

董明珠也说不清这个工作适不适合自己，但是既然进了空调厂，做了这份工作，她就要为自己的工作负责。于是她开始了准备工作，她开始和老业务员聊天，有时候也看看相关的书籍，在有限的资源中寻找着营销经验。

20世纪80年代，美国的推销员总结了营销的五大原则：

1. 建立和谐的气氛，在你和受众的中心话题里找到引发对方共鸣的内容。

2. 引发话题受众的兴趣，了解他为什么感兴趣。

3. 为客户提供所有问题的解答，至少事先把你能想到的话题都准备出来，并准确地说出对方想要的答案。

4. 引发对方的购买动机，找出什么能使对方高兴，然后针对这个去谈。

5. 要求购买，用充分的理由说服对方，完成这次交易。

这五大销售金科玉律，在整个营销行业中几乎是通用的，对这些有了大致的了解后，董明珠心中七上八下的那根杠杆也渐渐趋于平稳。当时的海利空调厂生产规模不大，牌子也不响亮，年销售额只有2000万~3000万。包括董明珠在内，厂内只有20多个业务员，一个人每年差不多有100万的销售任务。按照厂里的规定，业务员有2%的提成，工资、差旅费、应酬费一律包括在内。

刚出战的新兵往往是莽撞的。那时候不少业务员靠喝酒吃饭去跟客户套交情，用应酬来换业绩，酒桌上往往有客户跟业务员说，喝多少杯，进多少货。但董明珠对此不以为然，她不会逢场做戏，也不想用应酬换业绩，她只想靠着自己的口才和实干作为，实打实地去销售，她就不信不能拼出业绩。

老业务员跟她说，做营销就一个原则：让客户满意。一个业务员不能让客户满意，就别想拿下业务。董明珠则是摇头："我相信我能拿下客户，既不靠喝酒，也不靠性别优势。"老业务员感叹她的倔强，觉得她真的不太适合这行。

大家本以为董明珠会气馁，没想到她越挫越勇，一家家店去跑，一家家地找营业员和经理聊。既保持自己的处世原则，谈吐间又不失玲珑，她还真攻克了不少"难关"。她跟着厂里的一个老业务员跑北京和东北市场，吃了不少苦。一次坐火车去天津，路上中了暑，在天津的旅馆又摔了跟头，把尾椎骨摔裂了，只能卧床休息。可是正逢销售旺季，她不甘心就这么躺着，她忍着疼痛和不适，白天出去做业务，晚上多睡一会儿，坐火车也选卧铺，就这么咬牙挺过来了。

刚开始做这行就遭了大罪，如果不是她骨子里那股天生不服输的劲儿和对事业的热忱作支撑，一般人早就垮了。就这样，短短半年，她就从什么都不懂的门外汉，变成了对产品和市场熟门熟路的专业业务员，跟着老业务员做出了 300 多万元的业绩。她不但对产品的使用和维护了如指掌，对什么样的房间安装多大功率的空调以及空调型号、空调位置、窗口大小等相关知识也非常了解。

最重要的是，她学会了怎么在人际关系中周旋，学会怎么对付那些不同地区、不同行事风格的经销商，正是这些宝贵经验，促成了她后来在营销方面的巨大作为。

美国职业经理人爱尔伯特·马德曾说："一个人，如果他不仅能够出色地完成自己的工作，而且还能够借助极大的热情、耐心和毅力，将自己的个性融入工作中，令自己的工作变得独具特色，独一无二，与众不同，带有强烈的个人色彩并令人难以忘怀，那么这个人就是一个真正的艺术家。而这一点，可以用于人类为之努力的每一个领域：经营旅馆、银行或工厂，写作，演讲，做模特或者绘画等。将自己的个性融入工作之中，这是具有决定性意义的一步，是一个人打开天才的名册，将要名垂青史的最后三秒钟。"

把性格融入生活、事业当中，是董明珠与命运博弈的棋子与棍棒，虽然命运中好的一面不总是与人拥抱的，可是只要按照自己的想法坚持走下去，终究会有成功的时候。成功者的品质或许有很多种，但他们共有的，一定是比别人更有激情，要有"除了这个，我无法想象在自己的一生中还能做什么"的信念。

若干年后，当有人问到董明珠为什么一定要南下，究竟是什么动力促使她坚持下来，她说："和大多数女性不一样，我从小就有做一点儿事业的追求。"

重新让生活变得更现实可行

　　董明珠在营销业务方面初尝硕果，她还想从老业务员那里汲取更多的销售经验，就在这时，她被紧急派往安徽市场，在那里，她要面临一个人撑一片天的局面。

　　事实上，并非她迫于无奈被调去安徽，而是驻安徽的业务员突然辞职了，公司亟须有人过去。当时安徽在全国属于比较贫穷落后的省份，昂贵的空调很难进入普通大众家庭，这里的空调销售潜力不被看好，业务员们都不愿意过去。空调厂领导左右为难之际，董明珠自告奋勇，领导一看她信心十足的样子，又恰逢没有合适的人选，便同意了。"安徽的经济一般，市场就那么大，你去了做得好更好，做不好就只要维持好老客户就行。"领导的语气听起来显得有点儿"退而求其次"。

　　按照董明珠的性格，她怎么可能安于现状，选择退路？她相信事在人为，只要全力以赴，付出足够的精力和热情，一定可以攻克安徽市场。科学界的人有句老话：艰苦的劳动 + 正确的方法 + 少说空话 = 实验的成功。董明珠觉得，这句话在她这里一样行得通。

　　蛋糕不是一天能做成，沙漠也不是一天能绿化。安徽这块贫瘠的沙漠化市场，还真让董明珠耕耘出了绿洲。她到安徽的第一件事就是查账，发现不少账收不回来。其实这种现象在全国市场都普遍存在，对于没有什么名气的中小企业，经销商都采取代销的销售模式。代销，意味着销出去了才有钱，销售不出去会直接把货退给厂家，其中的折旧、损耗、退货费用都要由厂家承担，且回款慢、周期长。没有诚信的经销商甚至会通过各种打压欺骗手段赖账或者转移债务，致使出现坏账。若是老业务员过来，一定会让这些坏账彻底成为死账，因为这是前业务员留下的烂摊子，谁摊上谁倒霉。可董明珠不这么看，要是这么做业务，厂子还能有不赔钱的道理？

董明珠决定有针对性地追债，首先把目标锁定在了一家电子公司，这家经销商欠了海利 42 万应收账款。在 20 世纪 90 年代初，42 万不是小数目。她在脑海里无数次设想追债的画面，也做好了追债难的心理准备，可没料到困难程度仍旧超出了她的想象。

电子公司的老板姓牛，公司规模不小，商铺有 200 多平方米，几十名员工忙来忙去，看上去就很气派有实力。这样的公司欠钱不给，不是业绩不行，明显就是想赖账。董明珠深吸一口气，按住打鼓的内心，直接找商铺业务员带自己去见老总。

走进老总的办公室，她微笑着向对方递出名片，客气地进行了自我介绍。谁知那老板只是抬头睇了她一眼，皱着眉头说："我们是跟海利有业务往来，可是我不认识你啊。"

董明珠连忙解释自己是新来的业务员，接替上一个人的事务。她深知要账不易，开口最难，所以欲进还退，先跟对方聊海利空调在安徽的销售情况，再打听对方对海利空调的看法，等到聊得差不多时，她才开口："您看我初来乍到，对这边的业务情况不熟悉，还请您多多关照。为了咱们的合作能有一个新的开始，您能不能先把之前的账清一清，也好开展后面的业务合作？"

牛老总听到一半就知道对方是来要账的，董明珠这么一问，他便故意露出吃惊的表情："对账？对什么账？我们代销别人几百万、几千万的产品都没有人来和我对账，你才来几天，就要和我对账？姑娘，我看你是不了解咱们这行的规矩，告诉你，你们给我货，我卖完就给你们钱；没卖完就没钱，咱这行就这规矩。"

对方一副赖皮的样子，一时间令董明珠也没办法，虽然心里气得不行，但是她可不会被三言两语打发了。她调整了一下情绪，换了个话题："这样吧，您好歹让我了解一下我们海利空调在您公司的销售情况，具体库存是多少，也能方便以后总公司按市场配额……"

她话还未说完，牛老总立刻打断她，诉说海利空调种种不好，后来干脆说："实话说，你们海利空调根本没人买。"

董明珠未料他如此泼皮，就想赖账，也不打算给好脸色，立刻板着脸说："别人和您怎么合作，我不知道，但我们厂里也有规矩。我现在就想知道，我们海利空调你们卖没卖？卖了多少？卖了的部分结款没有？剩下的货是否退还厂里？您现在既不想给钱，又不想退货，我们厂子耗不起，咱们的合作要是真出点什么矛盾，法庭见对谁都没好处。"

她之前的和颜悦色令牛老总以为她是个软柿子，可这会儿她疾言厉色，牛老总心里也有点打鼓，于是说："这样吧，公司最近资金周转不太好，过几天我再打给你。"

董明珠立刻听出他话中的漏洞，不卑不亢地说："您不是说我们海利空调卖不动吗？既然卖不动，那就说明货还在库房，和你们资金周转没关系。我就想知道，您是真卖不掉，还是卖掉了不想给钱，您给个痛快话。"

牛老总没想到她这么决绝，借口还有事情要办，约定改天再谈。

回到办公室的董明珠和珠海的同事通电话，说了说安徽的情况，同事都劝她算了，这笔账别想要回来，如果真能要，前一个业务员还能不要吗？董明珠才不信邪，对方既然耍无赖，她还真跟他耗上，对方想躲着她，她就天天到对方办公室里等着，一天不行两天，两天不行三天，三天不行一星期，实在不行一个月、两个月，总之不要到钱不罢休。

为了这笔账，董明珠整整跟对方耗了40多天，对方要么不在办公室，要么答应退货而第二天却不见人影。最后，牛老总让董明珠再补50万元的货给他，见到货，他就结前面的账。不少经销商都用这种手段赖过账，董明珠早有准备，直接说："您把前面的欠款付了，我马上让公司发50万元的货来。"牛老总当然不肯，强调不见货不给款。

董明珠心思急转，旋即有了主意："这样吧，我们先给您发货，再结前面的账，不过发货之前您得让我了解之前的货剩多少，损耗是多少，我好跟总厂汇报。"

牛老总犹豫片刻，说："那些剩货没什么好看的，都有毛病，是没人要的废品。"

"有毛病没人要的，那正好我拉走了，这样您就不用结这些货的账，而且还给您清了库房，一举两得，您说是吧？"她看牛老总实在是没有诚意结账，要货结款不过是个借口，反正局面也就这样，她倒是不慌了，不见货不走人。

牛老总真没见过如此执着的人，实在没办法，只得让步，终于同意她隔天拉货了。

隔天，董明珠到了电子公司的库房，在堆满货品的库房中扒拉了几个小时，才找到海利空调。看到一台台拆封的空调布满了灰尘和划痕，被其他货品狠狠地压在下面，她的内心沉痛无比，这都是厂子里工人辛辛苦苦做出来的产品，像破烂一样被堆在库房，被毫不珍惜地对待，实在太气人了。

头一天晚上她就打算，以后再也不跟牛老总这样的人合作，如果对方赖账不给货，就跟他打官司。今天库房的场景令她坚信自己的考虑是对的，于是她对旁观的牛老总直言道："今天，不管是拆封的还是没拆封的海利空调，我都要拉走。"

牛老总一愣，终于意识到自己碰到了硬茬，这个女业务员跟以前的业务员可不一样，只好说："这样吧，你明天找车来拉货。"

他这么干脆，董明珠反而有点儿忐忑，仔细观察对方的脸色，也没看出所以然来。第二天一大早，董明珠雇了一辆5吨皮卡车去库房等着拉货，没想到库房大门紧锁，一个人没有，一问才知道国庆放假，库房不开。董明珠这才意识到又被要了，她一个人孤零零地站在库房门口，被太阳晒得头皮发麻，整个人又气又晕，几乎哭出来。

回到宿舍，她不断回想这一个多月的经历，不停地追问自己，这样做是否值得。以往遭遇再大的难处，她都会告诉自己，只要再坚持一下就能做到，但这次她却真的迷茫了。

宿舍的桌子上，有一本前一位业务员留下的美国营销员传记，她拿起来随手一翻，看到了一段话：

How to make your life a reality？（怎样让你的生活变得现实可行？）

You cannot be popular with everybody.（你无法取悦每个人。）

You learn from failure.（你要从失败中学习经验教训。）

Now is the time to start afresh.（从现在开始重新生活。）

Prepare for bad times.（为不得意的情况做好充分准备。）

Make time for your passion.（找时间去做自己爱做的事。）

Toxic company is bad for you.（消极的合作伙伴对你没有好处。）

You cannot always rely on friends.（你不可能一直靠朋友帮忙。）

Look forward.（向前看。）

You like being alone，but you are not a loner.（你喜欢独自一人，但你不是一个人。）

诚然，做业务员的日子很难，遇到千方百计要无赖的人，是任何一个业务员都无法避免的。再糟糕的情况也不过如此，她为什么要因为对方的"无耻"而影响了自己的决心和气势呢？她要做的就是汲取之前的教训，重新振作起来，务必讨回债务，拓开安徽这块市场，向厂里的人证明自己的实力。

自创交易模式的 2.0 时代

很多年以后，董明珠在一次演讲中对在座的年轻人说："以价值为生存，以价值去经历，可能就会得到很好的结果，这是我的理解。我当业务员的时候，我说我这一辈子就做业务员。而且我当时的目标是做业务员一定要做到最好。因为你是业务员，你要给企业创造价值，这就是目标。"

就当时的情况而言，董明珠的目标就是做好一名业务员，而且要做业务员中顶级的。她的人生目标当然不只局限于此，而是对目标进行了划分，以西方学者提倡的建立目标过程的说法而言，即是对自己进行了目标的陈述。

目标陈述被划分成了短期目标和长期目标，而这两者又有着不可拆分的关系。董明珠的长期目标就如她自己说的一般——从小就有做一点儿事业的追求。事业是有一定目标、规模和系统的对社会发展有影响的活动，与单纯的工作不同，实现它的前提是一个个小目标的完成。对那时的董明珠来说，做好业务员既是短期目标，又是做事业的第一步。

既然早早有了人生规划，那她不会让自己止步于一个无良的营销商。那么，她需要做的就是，无论对方用多少无赖手段，她都兵来将挡，水来土掩。于是，国庆节一过，她立刻扑到了牛老总的办公室，对方的缺德她领教多次了，也不用跟他客气，她开门见山地喝道："这么大公司的一个老总，怎么说话不算话？当面说好退货，却一次次糊弄我。从现在开始，你走到哪儿我跟到哪儿，反正我一个业务员有的是时间跟你耗，你不怕咱们就耗着来！我可不像你，说话不算话，我说到就能做到，咱们走着瞧！"

她一口软糯的吴侬口音，听起来好欺负，但严厉起来，却锐利得刺耳，脸上也跟冒了火似的，一副怒不可遏的样子。牛老总听得心惊，被她吓到了，连忙保证第二天让她拉货。虽然董明珠不相信他，但第二天仍旧雇车去了库房，这次终于可以把货拉走了。牛老总有意为难她，不给她提供工人搬运货物，她一咬牙一跺脚，干脆叫来司机和自己一台台搬。她一个弱不禁风的女子，愣是在大太阳底下搬完了所有的空调。

看着40多万元的货装载到车厢里，董明珠憋在心里的一口气终于撒出去了。她坐上卡车的副驾驶位置，对着窗外的牛老总喊道："从今以后，我们再也不和你这种人做生意！"

这次追债的经历，让董明珠有了醍醐灌顶的感觉，企业的发展前景再好，遇到没有信誉的经销商，仍旧会被拖垮。所以做生意，无论上线下线，哪一方面都得兼顾。把企业做好，营销策略和思路的扭转非常关键。

老的传统营销观念，就是生产观念、产品观念、推销观念。企业先是生产产品，然后推销给顾客，要求顾客的需求符合企业的供给特点，把市场作为生产和销售过程的终点。基于这种传统的营销模式，企业不可能配太多推销员，只能经过有渠道的经销商销售产品。没有顾客反馈产品的使用情况，生产企业就必然受到经销商的制约，经销商说卖成什么样子就什么样子，企业很被动，还很可能因为要不回来款而停产。实际上等于经销商的商业行为产生的后果要由生产企业来承担，这很不公平。那么，要怎么改变这种不公平的商业模式呢？董明珠通过追债一役，得出一个结论：必须"先款后货"，绝对不能赊账，只有这样才能保证双方的利益，经销商也才能真正对产品负责。

海利空调厂的老业务员们听到董明珠这样的想法，都觉得很可笑。目前市场上多少大厂家都是遵循"先货后款"的市场规则，海利仅仅是中型厂家，就想特立独行，简直可笑。他们等着看董明珠撞得头破血流，可董明珠却不这么看。

"你们觉得不可能，是因为你们从没想过去尝试。"很多人都是这样，面对新的想法都会感到恐惧，然而失败往往不是因为命中注定或者是由所谓的社会规则决定，而是因为人在尝试之前就退却了。

有了这种"先款后货"的思路之后，董明珠花了一个多月时间跑遍整个安徽市场，把第一攻坚目标放在淮南。这是因为淮南是安徽市场里比较活跃的一个地方，这里的经销商和顾客大多数知道海利的产品。有客户认知度的地区，销售渠道就比别的地方容易打开，经销商的生意也相对好，结货款比较容易。在这里开始"先款后货"策略，自然最容易行得通。

她先是找老经销商，跟他们聊一聊海利空调的销售情况，再询问海利产品的市场反响。没想到这些老经销商一开口就是抱怨海利产品服务不到位，要么就是吐槽产品的质量不过关。听到这些，董明珠心中一凉，没想到在老经销商的心中，海利竟然是这样的印象，这还让她怎么开口提先付款后发货的策略呢？

不过，她也没打退堂鼓，老的不行，那就找新的，她开始跑新经销商，进行渠道探路。第一家经销商就指着一些大厂的电器，直言不讳地告诉她："看到没，代销，都是代销，你们还想怎样？"

被拒了一次不要紧，还有下一个。在她接连跑了十多家之后，有的经销商甚至大惊小怪地惊呼："你懂不懂规矩，新来的吧！什么'先付款后发货'，代销！明白吗？这是市场规则，规则你懂吗？""你们海利是什么大厂家吗？还敢跟我们谈条件？经销商就是你们的衣食父母，没有我们，你们靠什么赚钱？"

不断被拒绝和讽刺让董明珠产生了深深的无力感，难道这个市场"潜规则"就真的牢不可破吗？可是转念一想，妥协是失败的第一步，40天追债的经历让她明白，只要有一次退却，她的精神堡垒就会被别人攻破。"我就不信没人认可我！"董明珠的执着劲儿让周围的人都觉得她傻得可以。

撒网式的探索失败了，她总结经验，认为应当有针对性地去找一个经销商，这个人要有聪明的头脑和超前的商业理念，这样她才会有话语权，能和对方在共鸣中达成共识。因此，后来每见一家经销商的经理，她先试探对方的经营理念是否能与自己契合，契合了再说后面的，不契合一拍两散。

接下来，董明珠面临的还是一次又一次的拒绝和嘲讽，但是，她的坚持终于为她打开了通往可行之路的大门。她遇到了一家电器商店的女经理，对方精明不失忠厚的谈吐让董明珠仿佛看到了光明。同样身为女性，她们很容易找到共同话题，因此很快开始了轻松的交流。

董明珠向对方聊起了几个月来自己碰壁的经历，还说起了那次追债的过程，她的辛苦和不懈努力一下子触动了女经理的心弦，对方感动之余，对她的诚恳和坚持产生了敬佩。

"这样吧，看你真不容易。我们先进 20 万元的货，款也先给你，要是销量好，咱们以后还继续合作，销量不好，咱们以后不合作就是了。不过前提是，你们提供的货品一定得质量过关。"

董明珠闻言一喜，没想到她竟真做成了"先款后货"的生意。拿着 20 万元的支票离开电器商店，董明珠的兴奋可想而知，她差点站在大街上大笑起来。捏着"沉甸甸"的支票，她发誓绝对不辜负对方的信任，一定要把这笔单子做好。

不久，海利厂发货到了电器商店，董明珠经常跑到店里询问销售情况，和女经理一起想销售策略，这家店也成了董明珠推广"先款后货"销售理念的敲门砖。

一件事情能不能成，关键在于执行人的意志是否坚定，进取心是不是够热切，工作欲望是不是够强烈。这些东西，已经渗透到董明珠身体的每个细胞。正如本杰明·帕克所言："假如你认定自己是强者，便要勇敢踏上征程。越过无边草原，穿过无尽黑夜，开拓出一片光明未来！"

"走进对方心里"的营销方式

20世纪90年代，中国市场经济正处于发展阶段，消费者的消费能力也停留在比较低的水平，人们更多关注的是产品的价格，而非质量与服务。相对应地，处在这个时代的企业也大多数处于引导用户的阶段，也就是企业引导客户需求，而不是客户引导企业生产，所以那时候的营销模式还很传统：企业生产产品——推销——顾客接受产品。

正因如此，产品质量每况愈下，慢慢地被消费者所摒弃，不少企业意识到了产品质量和售后服务的重要性。说到底，企业营销中的"售后服务"的出现，是市场竞争的必然结果。当市场经济发展到一定程度时，企业制造技术相差无几，尤其是在没有绝对专利的前提下，市场竞争会理所当然由从产品转向服务。

21世纪是新经济时代，人们说它本质上是服务经济时代。有形产品在满足消费者需求中的比重正在下降，服务反而变得越来越重要。越来越多的企业开始注重以服务为导向的经营策略和创新模式，把核心竞争力向服务靠拢，使产品的售后服务在整个服务中占据重要位置。

当我们切身体会到现代经济的竞争，仔细回想董明珠在20

世纪 90 年代初已有了售后服务的意识，不免对她的超前意识感到惊叹。

当然，就当时的销售环境而言，"售后服务"的概念与今天是截然不同的，海利空调厂的售后服务对象实际是经销商。尤其是那些和董明珠真正做起了"先款后货"生意的经销商。

1992 年春夏两季，董明珠几乎都泡在淮南这家跟她签了"20万"单子的电器商店里，帮着女经理想各种各样推销海利空调的办法。简单地把海利空调摆在店里，很难让它迅速销售出去，怎么才能扩大品牌的知名度呢？

一天，她乘坐公交车，旁边有两个人在聊天，其中一个人说自己在乡下的亲戚特别多，所以嘴很碎，一家有事儿，七大姑八大姨一掺和，第二天全村儿的人都知道了。口耳相传，这是典型的传播手段，例如市场上有一家卖鸡蛋便宜三毛钱，一个消费者就可以带动他的左邻右舍，全去这家铺子买鸡蛋。思及此处，董明珠差点要拍腿站起来，这不就是她想要的营销效果吗？

她兴奋地直奔电器商店，跟那个女经理说了自己的想法："咱们可以发动自己员工向他们的亲戚朋友介绍海利空调的优势，一个介绍一个，这样知道的人就多了。一旦这条消息线上有人用过海利空调，觉得很好用，就会帮咱们传播出去，这就是我们的口碑呀！有了口碑，还怕没销量吗？"

女经理将信将疑，但还是把这个方法付诸实践了。她召集所有员工，破例让董明珠也参与了内部会议，让董明珠把方法介绍下去。员工们议论纷纷，有的还积极地参与讨论。女经理还公布了奖励机制，如果有人将空调卖出去，还有额外的奖金，一下子就调动了员工的积极性。

销售策略一布下去，就等着"收网"了。一个月后，董明珠从铜陵出差回到淮南，立刻收到女经理的好消息，口耳相传的办法果然推动了销售，已经卖掉好几台。"旺季一定会更好的！"董明珠满怀信心。果然，到了炎热的夏季，海利空调在这家店销售一空。女经理高兴得马上又打了款，定了第二批货。

"口耳相传"原本不是什么神奇的销售策略，它只是一种最原始、最普遍的传播手段，然而通过这一方式建立起来的品牌美誉度却最为牢固，因为大多数人都以切身体会现身说法，不过由于传播速度过慢，一直未受到重视。董明珠是靠着对生活的观察，才想到这种有效的办法。

靠着在淮南电器商店做出的成绩，女经理的店成了董明珠"先款后货"策略的样板店，她以样板店为例，一个个说服了当地经销商，慢慢地大家都接受了她"先付款，再发货"的销售模式。当然董明珠也不是空手套白狼，她想尽一切办法帮助这些经销商销售产品，免了大家的后顾之忧。如此一来，订单又怎么会不像雪花一样飘来？

董明珠在 1992 年的销售额，仅淮南地区就有 240 万元，淮南成了当年整个安徽市场业绩最好的地区。第一战场的成绩肯定不会令董明珠满足，她还有第二战场芜湖、第三战场铜陵。在芜湖的时候，她复制了淮南的营销策略，同年实现了 100 多万元的业绩。但是在铜陵，她的营销策略碰了壁，因为这个城市太小，没有大商场，小商场小商店倒遍地都是，所以大的经销商很难找。

　　在铜陵的一家医疗器械店，海利空调做出了不错的成绩，董明珠觉得这还不够，她得想办法找到大经销商。在和医疗器械店经理聊天时，那位经理抱怨客户用电要交增容费，需要到供电局走审批，很麻烦。董明珠心中一动，那个年代很多家庭、单位包括政府部门和研究院都经常停电，主要还是因为供电不足，所以这些个体或集体与供电局常有往来，也意味着空调售卖和供电局也有着千丝万缕的关系，那么为什么不让供电局来经销空调呢？当时国家机关和政府部门支持企业和单位办"实体"，把海利空调的经销权交给供电局，岂不是更好？

　　想了就做，董明珠立刻跑到铜陵的供电局，首先找的就是营业部。营业员告诉董明珠，供电局的确在销售空调，还让董明珠参观了小仓库。董明珠一喜，果然找对地方了。她看到满地的空调品牌不一，有不少杂牌空调，价格质量都不行，便暗暗下定决心，一定要让海利在这里扎根，并且不只占有一席之地。

　　来到营业部经理的办公室门口，董明珠先深吸一口气，这还是第一次和政府部门的人打交道，要是对方官腔太足可怎么办？她瞅瞅自己颇为土气的打扮，先是沮丧了一秒钟，随即又像打了鸡血般振作精神，她董明珠怎么能因为自己的衣着而先丧失士气呢！

　　推开门，她暗暗松了口气，坐在椅子上的营业部经理看上去面善得很，还招呼她坐下来喝茶。看到对方这么谦和，董明珠立刻有了信心，开始自我介绍并表明了来意。对方听说董明珠是工厂销售代表很高兴，自称是营销门外汉，还想多向她请教销售策略。

　　董明珠也不藏私，把自己总结的销售策略说了不少，还结合了空调市场和供电局的实际情况，帮助对方分析其销售额、毛利、净利情况，怎么实现最有效营销和最大化盈利。供电局的营业部经理以前哪接触过这些，听得热血澎湃。说到后来，董明珠才意识到自己话太多了，都没让对方表表态，有些不好意思。谁知道那经理一拍桌子，说道："你说得太好了，一听就是内行，我今天要开会，你能明天再来给我讲讲吗？"

　　董明珠一听有戏，哪有不答应的道理。接下来的几天，她经常去供电局，不但给业务部的经理"上课"，经理还叫了下属来听。董明珠的不懈努力打动了业务部经理，对方很想帮她，但是还得领导发话才行。没过几天，业务部经理安排董明珠见了供电局的领导，凭借销售经验和对市场的了解，董明珠说服了对方。

　　供电局的领导批了 50 万元的货款，直接打给了海利在珠海的总部，这一下子令总部都震惊了。这董明珠太厉害了，三两句话就能说动对方打来 50 万元，但厂里又哪知道董明珠为此付出了多少努力。

　　由于供电局的业务员大多都是供电局的员工和家属，没有销售经验，董明珠只能从头开始培养他们的销售意识，帮助他们建立销售策略，其实这也是她"售后服务"的一个环节。

　　不过，真正让董明珠形成售后意识的，是她给供电局的安装队提出建议，让他们重视安装空调的手法，确保空调的使用寿命和运作的安全性及合理性，甚至提出了怎样安装空调能更有效减少工作环境噪音的思路。同时，她建议供电局对安装维修队伍进行培训和优化，方便售后服务。虽然董明珠还没有真正形成售后服务的概念，但她已经有了思路，这为她在后来形成系统的"售前——售中——售后"服务三位一体概念打下了坚实基础。

在铜陵供电局的介绍下，董明珠又和合肥、芜湖、安庆等地的供电局实体产业达成合作。最终，整个安徽供电系统的销售额，就占了海利在安徽市场销售额的三分之一，董明珠这次可算是真的把握住了"大经销商"。她在安徽的成绩也让不少经销商慕名而来找她合作，仅仅1992年一年，董明珠个人销售额就超过了1600万，占了海利空调厂全国总销售额的八分之一。

谁也没有料到，一个看起来柔弱的南京小女子，竟然有这么大的爆发力，一个人就创下了一次又一次的销售奇迹。当别人以艳羡的目光问她为何如此幸运的时候，她只说了两点：做营销要走进对方心里，还要有足够的勤奋。

第二章
拔草经营：轻人情，重管理

无论遇到什么样的事情，只要你坚持原则，坚持的原则是对的，你就要做下去，无论别人怎么说你。

奋斗者需主观愿景和实际能力相融合

著名成功学导师奥里森·马登总结了奋斗者的几种特色：

首先，他浑身洋溢着自信和激情，以及自我肯定的讯号。他深信自己有着巨大的潜能，无论处于逆境还是顺境，都不惜任何代价寻找能挖掘自己潜能的环境，去获取更多的发展机会，以期收获财富、成功和幸福。

第二点，他注重对自己人品和素质的培养，例如勤劳、节俭、真诚、包容等，最重要的是能自我控制。

第三点，实际上是对以上两点的融合。自信和激情，外化表现为对事物的追求和索取；人品和素质的培养，外化表现为寻求精神的磨炼和满足。

盲目的追求被视为功利主义，但有了心理机制的调节，人就可以内外兼修。在马登看来，成功者往往内外两方面协调发展，功利与品质、欲望与克制、手段与修养、世故与坦诚在他们身上可以完美地融合。在董明珠的身上，这种主观愿景和实际能力既对立又统一地呈现出来，她既有对事业的追求，也有令人钦佩的品质。所以，在安徽所创下的销售奇迹，理所当然地被别人注意到了，这个人就是董明珠人生中最重要的伯乐——海利空调厂

（后改名格力电器公司）董事长朱江洪。

科龙电器前总裁王国瑞说："朱江洪遇到董明珠是朱江洪的福气，董明珠遇到朱江洪是董明珠的运气。"这句话充分地说明了两个人在事业上的契合度。

朱江洪是土生土长的珠海人。1988 年在海利空调厂做技术员，1991 年成为空调厂的掌门人。他接手海利的时候，海利就是个烂摊子，企业规模小、产品质量不过关、产品销路不畅，在这以前朱江洪已经深切体会到厂里的种种弊端。他一上任，首先要给厂子改头换面，把原来的海利空调改为"格力电器"。"格"，有推究之意，又有变革、纠正之意；"力"，是力量、能力、威力的代称。朱江洪这一次改名，是想将海利空调厂原来的旧传统、旧面貌彻底斩掉，使之焕然一新。

为了提高业绩，朱江洪开始在全国物色出色的基层人才。就在这时，安徽市场上突然冒出一个销售能手——董明珠，一年就做出 1600 万的销售额，这震惊了格力总部，也让朱江洪坐不住了。他决定亲自到安徽考察一下市场，再好好了解了解董明珠这个业务员。

到了安徽之后，朱江洪对董明珠的业务内容进行了深度了解，又和她多次谈过地方销售情况，他发现董明珠是个十分聪明又有管理才能的人，她的业务能力很强，却又不靠投机取巧，有责任心又有义务感，绝对是他找的人才。

最让朱江洪有所触动的是，董明珠跟他说："真正好的营销策略不仅仅是把货卖出去、把钱赚回来，还应该努力在厂家和商家之间建立稳固、诚信和互惠互利的合作关系，共同为社会和消费者创造更多的价值。只有厂家和营销商实现多赢，才能确保生意做得长久。如果在合作中不懂得保障他人利益，只在意自己的得失，最后遭受最大损失的还是自己。"

她的这番话充满前瞻性和大局观，让朱江洪对这个小小的地方业务员刮目相看。做实业的企业，最需要具有前瞻能力的管理者。

众所周知，前瞻性是要想到别人还没有想到的事情。格力空调进入空调制冷行业并不早，所以本身并不具备前瞻性，也就没有先发优势。如果找行业内更具有前瞻性的领域，即选择差异化产品，格力目前还欠缺这样的研发条件，所以只能先从服务上着手。

董明珠在安徽做了一个庞大的实验，即让厂家和经销商之间实现多赢的尝试，她希望朱江洪能看到这种服务性优势，把这个推行到全国市场，这样，空调厂崛起是指日可待的。

朱江洪深以为然，随着企业产品质量的提高，销售方面的短板迅速暴露出来，董明珠的思路给格力空调的市场营销带来希望，朱江洪决定，将疲软的江苏市场也交给董明珠打理。1993年，董明珠一下子将格力空调在江苏的销售额提升至3650万，比上一年增长了11倍，加上安徽市场的销售额，她一个人就创造了5000多万的业绩。1994年，仅江苏一省就实现销售额1.6亿元。朱江洪给了董明珠充分的支持和机会，而董明珠每次都超过了他的预期。

就在格力的业绩蒸蒸日上之时，格力电器主管销售的副总在一家企业的高薪诱惑下，带领格力的8名销售人员和2名财务人员集体跳槽了。朱江洪怎么也没想到，公司正值发展迅猛期，他一心重用的团队竟舍他而去。

硅谷传奇律师约翰·蒙哥马利在他的著作《从一开始就伟大：一个有觉悟的公司的成功路》中写道："选择平衡的团队，并且在公司成长后也保持这种平衡。"一个公司的团队好坏决定公司的发展程度。企业失败和破产不外乎那么几个原因，其中有一部分因素是团队的不和谐。很多公司不是死在行业竞争当中，而是内部崩塌导致四分五裂。而建立平衡的团队，首先需要信任的力量。

信任是建立在工作关系基础上的情感，也是一个企业的文化氛围。它不是建立在"我能得到什么"上，而是建立在"我能付出什么"上。对于功利性超过建设性的人才，朱江洪是不屑于挽留的。

"天要下雨，娘要嫁人！"既然这些人不能和格力同舟共济，那么唯有舍弃。这一次，朱洪江决定重新提拔，而董明珠是他最先召回的人。1994年10月，董明珠开始担任格力电器经营部副部长一职，由于此时经营部部长处于空缺状态，董明珠等于执行的就是部长职责。

实际上，朱江洪本是要直接提拔董明珠当经营部部长，奈何遭到管理层的一致反对。因为董明珠在地方工作的时候，就是出了名的讲原则，反对"老规矩"，格力高层的一些人怕董明珠干预太多，所以不想给她更大职权。而他们又不得不同意董明珠回来主持经营部大局，因为她是最合适的人选，于是就把经营部副部长的职位给了她。这个职位薪酬还没有董明珠做业务员的时候多，管事多又挨累。格力高层们想的是：给她个不上不下的职位，等她受不了，就自己走了。谁也没想到，董明珠不但坚持下来了，还越干越来劲儿。

调回董明珠专注经营管理，可以看出朱江洪本身也是个具有超前意识的企业家，为了培养企业核心竞争力，他专心做自己擅长的领域，集中精力抓产品研发和新技术开拓，甘愿把人权、财权交给公司的副总，这种魄力和对企业发展格局的调整，让格力电器走向依靠科学创新实现发展的健康道路。格力的员工都知道朱江洪"不抓钱、不抓人"，当公司管理层出现如此重大变故时，他立刻把扭转公司管理积弊的任务交给董明珠。他眼中的董明珠有足够的能力和坚定的心志来完成这件事。

董明珠刚一上任，就开始了一系列改革。首先对内部开始抓人事问题，解决内忧。以前在地方做营销，她不了解情况，走进企业核心，她才发现以前的旧习有多么严重，单单一个经营部迟到早退、喝茶看报、吃零食聊天的现象满天飞，要解决积弊，先抓考勤。

人人都知道朱江洪是老好人，对谁都和蔼，所以旧风气迟迟不改。董明珠不信邪，她对自己严格，对别人也不放过。按照她的想法，做事情要有做事情的规矩，做业务员也要有业务员的规矩，思想和行为这么放松，业绩怎么可能不"松"。新官上任三把火，她的第一把火就是先制定了一系列人事考勤的章程，并严格按照章程执行。按照章程规定，员工上班时间不可以吃东西，发现一次罚款 50 元，第二次罚款 100 元，第三次开除处理。

一天，距离下班还有一分钟，有人掏出零食分给大家吃。正好董明珠走进来看到了，厉声道："每人罚款 100 元。"话音刚落，下班铃声响了。

本来惊呆的业务员们纷纷高兴起来，有人大喊道："下班了，我们是下班的时候吃的。"

"刚刚你们分零食的时候并没有下班，是上班时间。"董明珠一板一眼地说。

"可是……"

"没有可是，制度定下来就是为了执行，没人执行还叫什么制度！"董明珠严肃地说，"每人罚款 100 元，没得商量，明天一早交上来。"

经营部的员工总觉得董明珠是不近人情的，可是，没有规矩不成方圆。管理严格，员工的精神面貌就会焕然一新，心思都转到业绩上去，企业哪有不好的道理。还有一次，董明珠不小心摔断肋骨，员工们一起到医院看她，她虽感动，但复工之后，看到违反纪律的，她还是恢复"铁面"本色，照罚不误。后来有人问她，管理这么严，难道不会得罪人吗？她笑着说："因为我当时在这一盘散沙的条件下，要让他们有一种集体的观念，所以首先从行为上来约束他们。"

管理者的决策，直接影响公司发展的程度。朱江洪当初选择"狠得下心"的董明珠，是他明白自己"心太软"之后的正确决策，董明珠也是如此。她坚持立规矩和执行规矩，目的也是为了从源头上消除公司隐患。

企业管理的核心就是管人，美国社会心理学家马斯洛曾提出需求层次理论，将人的需求划分为五个层次：生理需求、安全需求、社交需求、尊重需求、自我实现需求。这五个需求也是企业管理者应当关注的员工的需求，满足这些需求的前提，是对员工的合理安排和善加管理。作为管理者和决策者，董明珠深知自己要从源头上抓起：

第一，健全公司的管理制度，严格按照制度办事。制度完善之后，管理者有规矩可循，企业各项事务能在规矩之下顺利进行，再反过来支持决策者的决定。

第二，科学用人，把员工安排在适合他发挥最大价值的位置。

第三，制定科学有效的绩效考核制度。格力的经营部是企业产品销售的核心部门，他们的精神状态和工作态度直接关系到企业产品的销售额。董明珠对他们的"苛刻"，虽然让他们叫苦不迭，可是业绩也上去了。大家真是既佩服她，又惧怕她。

管理者和普通员工的距离是职位高低造成的，必要地保持距离能够帮助管理者树立权威。而在管理者制定政策的时候，依靠的就是这种距离来实现政策执行，虽然一些策略往往与员工的利益冲突，但决策者能坚持原则，不徇私、不自乱，终究会得到员工的理解和支持。

走过的路不能长草

管理是个很复杂的系统，它的主体就有5个方面：人、财、物、信息和时空。人，指决策者、执行者、监督者；财，指资金；物，指土地、生产设备及工具、物料等；信息，指管理机制、技术与方法，以及管理用的各种信息等；时空，指时点和持续时间、地理位置及空间范围。董明珠不是科班出身，她不懂管理的系统理论，但她具有管理者的思维和决策力。所以她当经营部副部长的时候，一手抓人，一手抓财，而这刚刚好是朱江洪的管理短板。

虽然董明珠还只是个企业里的"芝麻官"，可是在经营部，接触最多的是钱，如果她只在人事上立规矩，在财务上完全撒手，终究无法成为一个好的经营部的管理者。所以她要"越权"管账。

她从财务那里调来公司的总账目，看过之后，觉得简直叫人心惊肉跳。账册上留了5000多万应收账款，有相当一部分收回无望。尤其是济南的一家企业欠了公司100多万，可是财务那里竟然没有任何欠款凭条，连追债的机会都没了。最让人觉得离奇的是，无法查出这笔生意的源头在谁，应当由谁来承担责任。很明显，有人做了手脚，甚至是中饱私囊。

还有，一张宣传单的市场价是 0.2 元，但格力电器付给印刷公司的是 0.88 元，一万份宣传单的油水有 6000 多元，百万份宣传单的油水那就是几十万。格力花了 450 万元在机场租的广告牌，方向却背朝人流，这个价格足以支撑买到好的广告位了。

这一切说明什么，已经不言而喻。董明珠实在受不了这种假公济私的行为，直接来到朱江洪面前，提出把公司对外财务的管理权交给自己管理。

刚被提拔上来的经营部副部长竟然跑到大领导面前要公司的"财权"，这种行为把朱江洪也给镇住了，但他转念一想，估计是财务上的出入和公司管理有关系，说白了就是有人过去做手脚，被董明珠发现了。朱江洪能想象出来情况有多严重，因为他过去几乎不过问财务问题，别人看他不管，就有些"为所欲为"。这样一揣测，他答应董明珠，并全力支持她查账。

董明珠的行为很快触动了一些人的"底线"，这些人跑到朱江洪面前告状，说董明珠想夺权，目的不纯，都被朱江洪挡了回去。他的解释是："现在，公司的经营和收款分为两处，财务那里的确存在货款进出对不上账的问题。有些经销商没给钱却拿到了货，有些经销商给了钱却拿不到货，这样下去公司会出大问题。我的意见是先把收款这部分划出来归董明珠管。"他没说财务完全归董明珠管，但是许给董明珠一部分财权，缓和了矛盾，又变相支持董明珠。别人一时也拿不出反驳的理由。

不久，董明珠被提拔为经营部部长并掌管部门财务，开始大刀阔斧地革新财务，把过去欠账、坏账一一清理，有错纠错；接着在全国推行"先款后货"的营销策略，有了之前安徽、江苏做样板，政策很快推行下去，也取得了巨大的现行效果。经过大半年的努力，5000多万应收账款被董明珠追回来一大半，而这以后，在她手底下再也没有出现一分欠着的应收款。

这段时间，董明珠的雷霆手段妨碍了一些人的"财路"，这些人联合起来想把她搞下去，明里暗里使了不少绊子，但在朱江洪的支持下，董明珠把自己的路坚持下来了。2001年，升任总经理的董明珠迅速撤换了一批不合格的中高层干部。她的举动得罪了不少人，一场鲜血淋漓的格力内部战争爆发了。

许多公司发展到一定程度，员工、管理层会出现拉帮结伙的现象，为了权力和利益，钩心斗角，你争我夺，导致内耗巨大，员工积极性降低，生产效率低下，业务绩效下滑。为了革除这种恶习，董明珠采取了斩臂策略。她的不留情面，令她成为有些人的眼中钉。很快，作为国有企业的格力电器，其上级部门不断收到对董明珠和朱江洪的举报信，声称二人结党营私、有贪污受贿之嫌，上级调查组频频出入格力进行调查。甚至在2003年至2005年期间，格力电器改制，朱江洪受到严重诽谤，格力内部动荡不安，飞短流长，董明珠也承受着巨大压力。

公司管理层动荡的这几年，终究还是被朱江洪和董明珠扛过来了，两人非但没有事，反而有一些管理层的人被查出问题。究其原因，也还是他们主观愿景和实际能力的强大以及心理素质的强悍，最重要的是，他们的品格经受住了考验。走在人生的阶梯上，位置越高，受到的打击和阻碍也就越多，权力既赋予了他们挥斥方遒的空间，同时也让他们受到了反对者的挤兑，关键就看他们如何应对。

经过一系列刮骨疗伤，在董明珠处变不惊的处置下，格力的销售业绩没有受到丝毫影响，从 2001 年的 70 亿元，到 2005 年的 230 亿元，成为空调行业的销售冠军。董明珠也在 2006 年被评为"CCTV 中国经济年度人物"。

在格力总部奋斗的几年，董明珠一直左手行李袋，右手手机，一面在企业里拨乱，一面奔走在全国各地为格力经营费尽心力。那时候她没有一天能睡好觉，每天都在忙工作，忙着想点子。夜深人静的时候，忙碌一天的她反而思路活泛起来，她的经营制度建立、人事架构调整、市场营销策略、企业管理绝招，都是在一个个夜晚想出来的，这些也成了她成功路上的阶梯。就连晚上做梦梦到好主意，她也会突然惊醒拿笔记下来，以备不时之需。

无论朱江洪赋予她哪些权力，她想到的不是利用职权为自己营造更好的生活，而是想着怎么借助权力更好地服务公司。

1995 年，格力的货源很紧张，一个经销商找到董明珠的哥哥，希望能通过他拉关系，从格力进 3000 多万元的货，还答应事成之后给 2% 的提成。哥哥从南京跑到珠海找董明珠谈，董明珠干脆避而不见。许多事情走多少人情也没用，全国的经销商都在等着货，董明珠一视同仁，亲人也没给面子。因为这件事，她和哥哥十多年没来往，家里人都埋怨她。

"我哥哥很不理解，觉得我这个妹妹太六亲不认了。从此，我哥哥与我十几年不来往。可我不在乎哥哥的反应，我在乎的是我的一举一动能不能对格力公司的发展造成伤害。做好格力

的事情，是我一生不变的理想，这一点，我不能出现任何的
闪失。"

董明珠的内心不委屈吗？委屈肯定是有的，但原则却是不
能坏的。还有一件事给董明珠留下深刻印象，她在当经营部部
长的时候，把总经理朱江洪带来的人给降了一级职位，同时降
了一级薪水。没听过哪个下属敢动上级的人，同事偷偷跟她说：
"你动了总经理的人，你以后还怎么在公司里混？现在总经理不
找你麻烦，以后肯定会找你麻烦的！"

董明珠何尝不知道后患无穷？但那个人仗着是总经理的人
破坏正常工作秩序。她已经向全国市场下达了"先款后货"的
决定，可这个人擅自做主改变营销策略，这个绿灯一旦开了，
以后她还怎么给别人立规矩？她想着，既然自己做了经营部部
长，就要对这个职位负责，对职权负责，所以必须严肃处理。

被降级的人感到很气愤，去找朱江洪告状。朱江洪把董明
珠叫过去问她为什么这样做，董明珠非但没有转圜，反而说：
"您给我的权力太小了，如果再大点，他这样子，我很可能开
除他。"

朱江洪听得目瞪口呆，董明珠则把那个人触犯规章制度的
事一五一十说了出来，并分析了利害关系。朱江洪了解董明珠
的脾气，虽然这件事确实落了自己的面子，但他还是尊重董明
珠的决定。不得不说，是朱江洪的气度成就了董明珠。

有人问过董明珠，何必这么固执呢，太固执的人会吃亏的，
做人应该懂变通。董明珠笑了："原则上的事儿，不能变通，能
变通的，也就不叫原则了。固执会吃亏，但吃亏的只是我个人；

不坚持原则，吃亏的将是企业和员工。所以我必须固执，不能不固执。"

因为太固执，董明珠在别人那里留下了"走过的路不长草"的恶名，可恰恰是她的固执，使她取得了事业上的成就。

权力不是为你服务的

2001 年，人到中年的董明珠迎来了自己事业的第一个高峰——登上了格力电器总经理的位置。然而，就在她意气风发的时候，那场令格力老员工记忆犹新的企业"动乱"到来了。而这场动乱的源头，是董明珠一手打造出来的安徽市场要毁掉她辛苦建立起来的营销体系——股份制区域性销售公司模式。

"股份制区域性销售公司模式"是董明珠首创的，后来也被誉为格力的制胜法宝，最早并非源于安徽，而是形成于湖北，是一场空调价格大战促成的。这么多年格力经过不少次空调价格大战，1996 年发生在湖北的是早期比较激烈的一次。当时有 4 家空调厂家在湖北抢占市场，科龙空调首先开战，疯狂降价促销，高呼"让利不让市场"的口号。于是其他几家空调厂竞相降价、串货、恶性竞争，格力空调市场价格被冲乱，商家和厂家利益都受到严重损害。

1997 年底，董明珠与湖北经销商经过商讨，大胆设想了一种合作模式，于是一家以资产为纽带，以格力品牌为旗帜，互利双赢的经济联合体——"湖北格力空调销售公司"成立了。这是国内首家由厂商联合组成的区域性品牌销售公司，它的销售模式是：统一渠道、统一网络、统一市场、统一服务，开辟了独具一格的专业化销售道路，统一价格对外批货、共同开拓市场，共谋发展。

自此，"股份制区域性销售公司模式"被格力推广到各省。这种营销模式取得了很大的经济成效，董明珠引以为傲。然而，这种体系在不该出问题的时候出了问题，超出董明珠的预料，且非市场淘汰而是人为恶果，这令她非常愤怒。

原来，格力在安徽淮南销售公司的高管梁君私下拉拢格力销售公司在淮南的股东，无视"先款后货"的规定，提前给经销商发货。董明珠知道后，责令二人恢复公司规章制度并做检讨。两人非但不纠正错误，还夺取财务章，教唆不明真相的员工冲击安徽淮南销售公司。由于经销商有5000多万的货款在安徽淮南销售公司，财务章被拿走会导致这5000多万打水漂。

按道理讲，安徽淮南销售公司不隶属于格力，而是代替经销商从格力进货的"中介性机构"，即使格力不管也理所当然。但董明珠考虑的是经销商因为信任格力才从安徽淮南销售公司拿货。格力不管，岂不是伤了经销商的心？

考虑到这一点，董明珠亲自带人到安徽见梁君，没想到梁君收买了安徽淮南销售公司的许多股东，抵制召开股东大会。这些人勾结在一起，为了自身利益，不但伤害经销商的利益，还破坏了格力的信誉。

踌躇数日的董明珠终于决定采取法律手段，以安徽淮南地区格力销售公司董事长、法人代表的身份，在淮南的一家报纸上刊登声明，废除公司原有公章、财务章等公司印鉴，终止公司对梁君的所有任命和授权。梁君登时失势，员工们也意识到自己是被利用，成了梁君对付珠海总公司的卒子，纷纷倒戈。梁君见势不妙，打起库房的主意，意图将货拉走，让董明珠财货两空。幸而仓库的员工坚守阵地，没有让梁君得逞。

这件事原本可以作为格力内部人事任命问题解决，但是却被安徽媒体大肆报道，声称"靠渠道优势起家的格力空调在渠道上遇到大麻烦"。一石激起千层浪，这件事在安徽经销商中造成很坏的影响，许多经销商找到淮南销售公司，表示对自己债权的担忧。为了压下负面影响，头痛欲裂的董明珠只得拿出价值3500万的格力空调货物安抚经销商。

不过，动乱仅仅是刚刚开始，解决了淮南问题，董明珠开始加强对区域销售公司经理的管理，没料到珠海总部又出了问题，频频出现员工罢工。董明珠一时间也不确定是不是淮南事件的影响，便召开干部会议讨论员工罢工的事情，那些领导干部却一个个满腹牢骚，声称员工不服管，太难伺候。

他们推卸责任的态度令董明珠很反感，员工之所以屡次罢工绝不是突发性的，问题一定出在领导层。"干部是风，员工就是草，风向什么方向吹，草就往哪个方向倒。要我说，解决员工罢工，治员工是标，治领导干部才是本。"她厉声呵斥，所有干部都沉默不语了。

董明珠知道许多员工碍于顶头上司的压力不敢投诉，意见箱形同虚设，就怕在投意见信时被上司发现，秋后算账。为了让意见上达，董明珠叫人在整个厂子的各个角落里都设了意见箱，包括食堂、厕所，总有人能找到机会把意见上达。这个办法果然有效，董明珠收到了 700 多封投诉信，矛头直指几个领导，这让她非常震惊。

她立刻分别将这些领导叫到办公室谈话，提出员工反映的问题。对于那些意识到自己存在问题并有检讨行为的领导，董明珠决定再给他们改正的机会；而对于不知悔改，反而极力辩驳为自己开脱，并试图打压投诉员工的领导，董明珠毫不客气地发出了开除通知，无论这个人的能力有多强。

"一些干部权力太大，利用公家权力为私人牟利，这在公司形成了很坏的影响。对于这种事我要求特别严格，发现一个杀一个，格杀勿论，绝不手软。"她觉得，领导者无论职位高低，最重要先有"德"，再有"能"，格力需要的是德行高尚、有奉献心和事业心的人，而不是徒有能力、只为一己的自私者。"权力过大确实容易犯错误，但容易犯错误不意味着一定会犯错误。你的头脑需要时刻保持清醒，任何时候决策，你都要考虑你背后的股民利益、员工利益，这些东西如果能随时随地记住，就不会做出错误的决策。"

为了整治格力的懈怠风气，董明珠甚至采取了军事化管理，尤其是对领导层和管理层，许多人叫苦不迭。但董明珠认为，要杜绝领导干部和员工在优越环境下养成懒惰思想，就得让他们不忘艰苦创业的精神、甘于奉献的精神。她还制定了很多强制制度，例如不许女孩子披长发，长发要么剪短，要么盘起来；不能戴首饰；不能浓妆艳抹……为了防止员工偷懒，设计了严格的考勤表，业务员出去办事，什么时间走，什么时间回，去了哪里，做了什么，见了什么人，谁能证明，等等。她自己也随时随地抽查，发现疑问立刻质询。

一次，她给一个中层干部打电话，问他在什么地方、干什么，那位干部说自己在陪客户。由于当时是早上，一般和客户约见的时间不会这么早，董明珠就问了一句："你在和什么客户见面？"

或许是董明珠的威严给了中层干部太大压力，对方顿时支支吾吾，心叫不妙，只得吐露实情，原来是他的父母刚来珠海，他陪父母到处转转。

董明珠当时没说什么，但她最讨厌别人说谎，最后还是降了中层干部的职。董明珠的做法叫人觉得她冷酷，别人父母远道而来，子女陪一会儿理所应当，怎么能给降职呢？董明珠却说，她在意的不是他在做什么，而是他撒了谎。如果对方直言自己在干什么，她会给假，可是对方却以谎言来搪塞，德行上有亏了。如此"不近人情"，让大家难免对她产生怨念。

面对这些怨念，董明珠用自己的实际行动来反驳，她带头自我约束，且有自信不滥用权力。你们既然觉得不服，就用我的行为来赌。她二十几年不变，为工作兢兢业业，没有一分一秒的懈怠，这也是别人对她心服口服的原因。

董明珠始终认为，人最难约束的不是别人，而是自己。作为管理者，手握权力管理别人或许游刃有余，但是轮到自我管理的时候，就会被自己的欲望、怠惰所蒙蔽，说到底还是对改变自我的一种惧怕，对责任的一种抗拒。著名的心理学家斯特克·派克就曾对这种惧怕改变、惧怕责任的心态做过一个实验：

有个军官嗜酒如命，长年酗酒导致妻离子散，只好找派克做心理咨询。军官说："在冲绳，我们晚上无事可做，实在太无聊了，除了喝酒还能做什么呢？"

派克问他："你喜欢读书吗？"

"是啊，当然喜欢，我喜欢读书。"他说。

"既然如此，你晚上的时间用来读书不是更好吗？"

"营房里太吵闹，我可没心情读书。"

"为什么不去图书馆？"

"图书馆太远了！"

"难道图书馆比酒吧还远吗？"

"唉，说实话吧，我其实也不怎么喜欢读书。我原本就不是爱读书的人。"

派克换了个话题，继续问道："你喜欢钓鱼吗？"

"当然啊，我太喜欢钓鱼了。"

"那么，你为什么不用钓鱼来代替喝酒呢？"

"我白天得工作呀！"

"难道晚上不能钓鱼吗？"

"当然不能，冲绳晚上没地方去钓鱼。"

派克说："好像不是吧，据我所知，这里有好几家夜钓俱乐部，我介绍你加入其中一家，你觉得怎么样呢？"

"嗯……我觉得我也不是那么喜欢钓鱼，还是算了。"

派克指出了他的问题："这样说来，除了喝酒以外，你还是有很多事情可以做，但喝酒是你最喜欢做的事情。"

"我想你说得没错。"

"可是你总是饮酒过量，以至于违反军纪，这给你带来了不小的麻烦，对不对？"

"有什么办法呢？驻扎在这个该死的小岛，人人整天只有靠喝酒打发时间，难道是我一个人的问题吗？"

派克和他谈了很久，对方依旧不改初衷。坦白说，这就是一个人不愿通过自我约束而改变现状。这就是对生活、对责任的视而不见。

怎么解决这个问题呢？首先要面对现实，认识到现实的残酷性和不可逃避性；再者就是学习自我控制，通过抑制冲动行为、抵制诱惑、延迟满足、制定和完成行为计划、采取适应社会情境的行为方式来改变自己。

很多人说，董明珠就有一种精神洁癖，根本不需要监督和制定计划，就能自己控制自己的所有行为。事实上，她在任何时候都能保持清醒，是几十年如一日自我控制的结果。因为没人生来就像机器一样理智。

合作走心，人情牌不如信誉牌

《旧金山邮报》有过一则报道：一家书店的会计发现店里的账目上出现了 900 美金的亏空，但查了三个星期的账也没找出问题所在。她把经理找过来一起查，依然一无所获。最后，经理叫来了店员，三个人一起把账目仔仔细细地逐条核对。这时，店员突然指着账本说："这里我明明记得记录是 1000 美元，怎么变成了 1900 美元了？"仔细一看，原来 1000 的百位数上的"0"粘上了一条苍蝇腿，乍一看 1000 美金特别像 1900 美金。

这个如同笑话一样的报道反映的是一个人的工作状态，差之毫厘，谬以千里。在财务问题上的疏忽，更容易导致巨大的损失。因此无论在哪个行业，工作态度都成了推断一个人能不能事业有成的标准。如果不能全情投入到工作中，把工作做好的可能性就极低。

在不少外人看来，董明珠的销售神话神秘莫测，甚至她的同行都不理解她怎么可以做得这样好。可是别人又怎么知道，董明珠的想法简单又纯粹。所有跟董明珠打过交道的经销商都知道，在董明珠面前不能耍小心眼，想玩阴谋诡计，她连理都不理。一次 40 多万元的追债经历让董明珠了解到人心不古的可怕。那些真正抱着真诚合作心态的经销商，才能得到董明珠的认可，得到跟她合作的机会。不是董明珠有多牛，有多大背景，而是她不看人情，只重信誉。跟她合作的经销商一定可以得到实际的帮助和发展。

在许多人的印象中，生产厂家和经销商的关系无非有两种：在私利上建立起的关系和在双方共同利益上建立起的关系。

第一种关系，就是生产厂家和经销商各自为营，均以自己的一方利益为准，以伤害对方利益来实现自己的盈利，最终的结果无非是关系破裂，两败俱伤。

第二种关系，显而易见，是一种互惠共赢的关系，生产厂家不单靠高出厂价从经销商那里获利，还为经销商着想，处处维护经销商的利益。

董明珠用了几年的时间营造的就是这种共赢状态，后来不少经销商都说："做格力的产品最省心，最舒心，最放心。"董明珠开创的"与地方经销商结成利益共同体"的营销模式在拓展市场的过程中攻城拔寨，无坚不摧，甚至被业界赞为"21世纪经济领域的全新革命"。格力在经销商心目中的地位，可以说是董明珠这种营销策略一手营造出来的。

公平竞争、合作共赢，是董明珠坚持的经营观念，虽然中国人做事，有很多"潜规则"在里面，人情是撇不开的，但董明珠不认可潜规则，她对经销商们说："我们之所以在营销合作中出现各种问题，就是因为潜规则在作怪。我们都知道'一个巴掌拍不响'，但潜规则一直盛行，它之所以盛行，就是因为大家都不按套路出牌，不按规矩做事，而是想通过潜规则来为自己谋一些特殊的好处。"

有一位经销商拿着 600 万现金来找董明珠,希望她给行个方便,提货时给予关照,董明珠当场拒绝了,她说:"今天你拿 600 万现金来找我提货,如果我答应给你优惠,明天有人拿 1000 万现金来提货,我就要给他优惠,这显然对你又不公平,你说是不是?"她的坦然让对方汗颜,也让对方彻底服气了。

为了坚持原则,董明珠有时候看起来很"无情",她讨厌请客吃饭,每次去经销商那里,既不请别人吃饭,也不让人请她吃饭。即使碰到饭点儿,也是在食堂吃,边吃饭边谈事儿,她不相信办事非要喝酒才能办成。"我没有其他爱好,我的爱好就是谈我们格力空调,说其他的我没兴趣。"她跟经销商谈的话题都是格力空调,内容非常单纯。苍蝇不叮无缝的蛋,没缝给人钻,就是董明珠的做事原则。

董明珠在格力有个管理十二字方针:公平公正、公开透明、公私分明。这是对格力内部管理的原则,也是她跟经销商合作的原则。在她开始负责公司广告业务的时候,就本着这个原则做事。格力每年的广告支出费用庞大,可是账目却很混乱,不少广告效果不好。追根究底,还是广告行业盛行的潜规则作祟,高回扣让有些人的口袋充盈起来,满足了个人利益,遭受损失的却是公司的整体利益。

这种潜规则在董明珠面前行不通,广告商拿高额回扣试图诱惑她,她却纹丝不动。她相信在广告行业肯定有透明的、规矩的人存在。果然,北京有一家广告公司的小老板在跟她谈的时候,什么话都是明着说,言语间没有闪烁其词,充满了年轻人对事业的信心和憧憬。

董明珠最不喜欢老油条，对这个年轻人却很期待。每次双方谈判，这家公司的老板都会讲明自己要格力多少个点，各种费用明细是多少，成本是多少，扣除成本赚了格力多少钱。董明珠的回答很明确：在合理的服务费里面，不要考虑额外的回扣，我们不收回扣，也没有潜规则。只要你真心实意为我们企业考虑，用最少的钱做出最好的广告，取得最好的广告效果，我们保证及时支付相应广告款。果不其然，双方的合作非常顺利，完全实现了互利互惠。

有些人吹捧董明珠，说她高尚、纯粹、脱离低级趣味，董明珠自己对这些吹捧完全不在意，她的心中只有一个做事原则：讲诚信、讲责任。在这个原则之下，是她辛苦的奔波和对工作内容的不断学习。没有人生来就能做好营销，也没有人生来就能做管理者，她同样是经过不断摸索和总结才有了如此丰富的经验，让如此多的经销商对她心服口服，开口就说："我们还是老规矩，先付款后发货。"大家对董明珠的信赖源自厂家和经销商之间共担风险、共同繁荣的探索和实现。能和厂商这么"相濡以沫"，董明珠做了充分的工作：

首先，对经销商的信息了如指掌。在她还是销售人员的时候，对经销商的个人信息、经营状况，她都做过详细的调研。有调研才有发言权，她在经销商面前才可以侃侃而谈，根据对方的需求，提供有针对性的服务和策略，帮助经销商销售商品，维护彼此间的合作关系。

所有光鲜外表下隐藏的，都是对具体事务的了解和学习。在安徽和江苏，董明珠每天跑市场，不是跟别人磨破嘴皮子一遍遍说，就是在观察、了解市场。

其次，追踪服务。随时随地拜访沟通，定期对经销商回访，了解对方在经营过程中存在的问题和对公司产品、服务、策略的意见。

在安徽芜湖的时候，董明珠去一家规模很大的商场，通过和商场经理聊天，发现双方以前的合作出了问题。董明珠当时想开口和对方谈合作，对方却问："你们什么时候把多收我们的钱给退回来？"

董明珠愣住了，急忙问以前怎么回事，通过对方的讲述才了解，由于原来的业务员疏忽，多跟商场要了钱。董明珠二话没说，保证回总公司查账，如果查出确实是自己公司的疏忽，一定把钱退给商场。从商场一出来，董明珠立刻打电话给珠海总部查账，发现果然多收了商场的钱，于是立刻安排退了款。

再者，协助经销商解决销路。在淮南和女经理密切配合；在芜湖和国营商场经理一起分析市场走势，制定销售策略；在老家南京太平商场跟雷经理一起聊空调市场，和营业员讨论怎么推销空调。在市场开拓期，为了扩大市场占有率，单纯给经销商供货是不够的，还要在其原有的销路上，帮助他们寻找新的销售渠道和销售策略。

第四，给经销商返利。经销商从生产厂家购买产品不是自用，而是销售出去，从中赚取利润。产品在消费者心目中的地位决定市场需求量的大小，有了市场基础，经销商会对产品趋之若鹜，但产品本身的价格已经比较高昂，经销商去掉成本不容易赚取利润，这时候厂家返利的重要性就体现出来了。

第五，对市场的规划意识。同一个市场只能有一家总经销商、对市场零售价格的统一规定和指导，是格力品牌多年不倒的秘诀。格力给出的指导价，适用于全国任何一个地区，没有价格差，既是对消费者的保证，也是对经销商负责。

第六，对经销商进行培训和管理。这一点是很有意思的，董明珠升任总经理之后，制定的政策里要求定期召开经销商会议，一方面对产品进行展示，培养经销商的市场意识、传授销售诀窍，一方面也是培养经销商的忠诚度。

曾经有个小经销商说："格力通知经销商们开会，我们从来不敢迟到。要是有迟到的，他就会把你拦下来，罚你钱，散会时当场把这些罚款分给在座的经销商……如果你不交，他会直接从你账上把钱划走，没有商量的余地……这点我是比较欣赏的，也在实际管理过程中学了一下格力的这种方式。"他不抱怨，反而对格力的"培训方式"很佩服。

董明珠的奔走，就是想在格力和经销商之间建立起坚实的合作桥梁。而格力需要的合作模式，也是建立在真诚、公平基础之上的。所有通过人情的合作，都不如通过建立信誉的合作来得更走心，更能叫人信服。

第三章
行业内守正，行业外出奇

产品的核心竞争力在于质量，在质量方面不偷工减料，自然可以做到不摆虚架子，不以概念炒作糊弄消费者。

小成靠智，大成靠德

"好空调，格力造"，这句广告语已经成为空调行业内外烂熟于心的广告词，就连市井民众在提到格力空调时，也能马上想到这句话，它蕴含了格力品牌建设的核心理念。格力创业以来，广告语经历过三次变迁，其中持续时间最长、最广为人知的就是"好空调，格力造"。

格力最早的广告标语是 1995 年董明珠亲拟的"格力电器，创造良机"，当年，她的营销团队被别的空调厂整个挖走，面对空荡荡的办公室，她重整旗鼓，暗自下定决心，坚信唯一的出路就是做好自己的产品，并且把品质好这个情况告诉消费者。由此这句广告词问世了。就在那一年，格力的营业额高达 80 亿元，比上一年增长了近 7 倍。

1997 年，格力从国外进口了一批零部件。然而这批零部件却为格力空调带来了灾难性的后果，使用这批零部件的格力空调遭遇了大量返修。此后的整整 5 年时间，格力品牌信誉遭到极大打击，几乎没有人愿意再去买"格力"的产品。董明珠痛定思痛，深深意识到，品牌如同市场，要按照其自身的规律运作。一个企业的品牌价值决定企业的命运，而它的基础源自品牌经营时所付出的诚意。没有用诚意去做产品，做企业，就是对消费者的不负责和欺骗，那么企业品牌当然会被市场淘汰。

格力电器在内部培训时，经常会以百年企业希尔顿酒店的发展史来说明品牌信誉的重要性：

美国希尔顿酒店创立于 1919 年，在百余年的时间里，从一家家庭式旅馆发展成全球最大规模的酒店集团之一。希尔顿酒店屹立不倒、发展迅速，其成功的秘诀在于创造"宾至如归"的企业文化氛围，并通过服务人员的"微笑服务"体现出来。

希尔顿酒店的宗旨是"为我们的顾客提供最好的住宿和服务"。无论是办公出行还是休闲度假，希尔顿酒店可以满足不同顾客的需求。希尔顿十分注重员工的文明礼仪教育，倡导员工的微笑服务，他每天至少到一家希尔顿酒店与服务人员接触，问各级人员最多的一句话必定是："你今天对客人微笑了没有？"

关于微笑服务的概念，源于希尔顿的母亲，当希尔顿从父亲那里继承了 5100 美元时，母亲对他说："事实上，你必须把握比 5100 美元更值钱的东西；除了对顾客诚实之外，还要想办法使来希尔顿旅馆住宿的人下次再来，你要想出这样一种简单、容易、不花本钱而行之久远的办法吸引顾客。这样你的旅馆才有前途。"

希尔顿冥思苦想母亲所说的方法，走遍了大街小巷，把自己放在顾客的角度，终于发现了秘诀，这就是"微笑服务"。他经常提醒他的员工说："万万不可把我们心里的愁云摆在脸上，无论旅馆本身遭受了什么样的困难，希尔顿旅馆服务员脸上的微笑永远是旅客的阳光。"因为这样的服务理念，在 20 世纪 30 年代大萧条时期，少数幸存下来的旅馆中只有希尔顿旅馆服务员的脸上带着微笑，依然为顾客提供优质的服务，经济萧条刚过，希尔顿旅馆就率先进入新的繁荣时期，跨入了黄金时代。

"微笑服务"就是希尔顿酒店营造的品牌和信誉，希尔顿酒店也靠着这个挺过了一个又一个难关。董明珠鼓励格力的员工，品牌信誉可以成就企业的发展。一个品牌百年不倒的秘诀就在于坚持对品牌信誉的塑造。

一些企业在急功近利心态的驱使下，不惜投入巨额资金打广告，在各个媒体以狂轰滥炸之势，达到"家喻户晓"的目的。有些企业甚至在广告词里掺杂了很多虚假信息，夸大产品的作用和效果，进行欺骗性宣传。当产品投放到市场，遭到恶劣的反馈时，企业往往快速萎缩或倒闭。殊不知，越是过度炒作，给消费者的误导越多，当发现产品和宣传不对应时，其结果往往是导致消费者对企业诚信的质疑，这对企业品牌信誉的伤害极大。

董明珠目睹过的一幕，给了她很大的启示。有一天，她到某商场的家电区进行市场调研，见到一对中年夫妇在买电视机，似乎看中了一个品牌，又在犹豫要不要看看别的品牌。

这时候，一个满面春风的营业员走过来对中年夫妇说，这个品牌的电视机返修率比较高，另一个品牌的电视机卖了好几年，都没有返修的。其实，营业员说的后面那种电视机，每卖出一台会给营业员 20 元提成。

产品的好坏在于产品本身，而不在于对产品的虚假宣传或诋毁别的产品。无论是生产厂家还是经销商家，通过欺骗性手段来误导消费者，就是不正当经营。消费者不是可以随意糊弄或蒙蔽的，一旦产品出现问题，厂家和商家的信誉都会受到损害。

1997 年的零件风波，让格力对此深有体会，董明珠立刻采取措施，对空调零部件进行严格筛选，召回不合格空调，对品牌形象进行挽救。就在这一年，"好空调，格力造"广告语问世了，并且一用就是许多年。这句话深刻地反映了格力对于产品的认知以及其市场理念的变化。

商场的那次经历给董明珠带来两点启示：一是打造品牌意识，二是维护好和商家的关系。

品牌意识的塑造，从对人的培养开始。董明珠一直相信，做产品先从做人开始。打造一个以诚信为本的企业，创造一批以信誉为本的产品，首先要打造一批具有诚信意识的员工。

格力内部人人都要践行"先有好人，再有好产品"的经营理念。这就像是希尔顿对服务人员的培训一样，改变服务员的心理状态，使她们建立起"微笑服务"的意识，顾客才能感受到宾至如归，每一次都选择希尔顿酒店入住。

格力的业务员就是格力的名片，当他们走出去，在市场上塑造的就是企业的品牌形象，他们的谈吐和思想传达的是格力的企业经营观念和品牌信誉，他们做好了，企业方能做好。2013 年，中国首届国家信用盛典暨首个企业"诚信红榜"评出了 20 家"中国信用典范企业"，其中包括格力电器。董明珠回答记者提问时说："诚信和责任是相辅相成的，诚信是内在的基础，无数事实证明，一个人，一个企业，如果以信誉为重，那么这个人或者这个企业的责任心就强。相反，责任心就差，甚至根本没有责任心。正所谓'人无信不立，业无信不兴，国无信不盛'，诚信是做人、立业、兴国的重要根基。"

企业是社会的细胞，拥有对消费者、对社会的责任心，具有诚信的企业精神、务实的营销策略和踏踏实实的工作作风，是企业产品得到消费者和市场认可之源。

"小成靠智，大成靠德"，在充分尊重消费者的前提下谈企业的产品质量，才是企业良性发展的基础。

另一方面，与经销商保持良好的合作关系，是把企业品牌信誉推广出去的有力路径。格力的产业链下游有千千万万的经销商，和他们建立起"诚信"关系，经销商才愿意推荐推广格力产品，让格力产品的市场竞争力保持强劲的势头。

"如果说格力电器在营销方面有什么秘诀，那么最大的秘诀是不玩花样，厂商平等合作，把靠市场创造效益作为一致的目标，并以此作为基本的游戏规则。"供应商和经销商共同面对市场的考验，诚信合作，彼此的发展道路才能越走越远。

基于这种游戏规则的考量，加上市场环境的刺激，董明珠的"股份制区域性销售公司模式"构想问世了。

"股份制区域性销售公司模式"股权关系明晰，是它一直有生命力的原因。业务上，地方销售公司接受格力电器总部的业务管理，相当于销售部门，格力电器给地方销售公司提供品牌和市场，对其进行监督。形式上，销售公司不是格力的附庸，它们拥有独立法人，所以有制定价格和政策的权力。该模式很好地解决了利益的创造和分享的问题，同时培养了经销商对格力品牌的忠诚度，双方形成了利益共同体。

当然，利益共同体也是建立在诚信基础上，董明珠和众多经销商能始终保持良好的关系和诚挚的友谊，也是因为董明珠以及格力电器的诚信态度。她常说，企业未来的竞争是品牌的竞争，也是信誉的竞争，一款产品的生命周期是短暂的，但企业的品牌和信誉是无穷的，百年企业的成就不是将自己翻修过多少遍，而是它持久的品牌影响力。任何一个企业以诚信作为建立品牌信誉的基础，其产品就会质量过硬，其价格就会合情合理，其服务就会精细周到，其名声就会广为流传，其效益就会日新月异。

成为消费升级的领航者

一个美国企业代表团到格力工厂考察。临走时，美国人竖起大拇指，送了三个字给格力电器：自虐狂。

之所以会有这么"耸人听闻"的评价，是因为格力电器对工艺精益求精到了"强迫症"的地步。作为珠海最出名的支柱性企业，格力电器对质量的严控是出了名的。

珠海的质检机构多次跟格力表示"会多多支持企业"。董明珠却一口否决："最大的支持是严检，哪怕产品有一点点问题，你就给我退回来。"

质检人员不理解地问她："别的公司都是希望我们'放一马'，你怎么希望我们再严点？"

董明珠说："今天放一点儿，明天放一点儿，到最后，我的产品就变形了。卖出去，消费者会说格力不行了，美国人就要说你中国产品不行了。放一马，就是伤害，对我最挑剔，就是对我最爱护。"

每当步入格力电器的制造工厂，来到噪音实验室、环境实验室，人们都能感受到格力对质量管理的专注。格力推行的绩效管理模式是国际先进的"六西格玛"管理方法，从产品设计开发到出厂，要经历数十个环节的严酷考验，只有经过严格检验的产品才能推向市场。

格力就是这样地自虐，让美国人参观了它的工厂之后由衷伸出拇指。质量就像产品的生命一样，在全世界对产品质量最为重视的德国，更是如此。

德国技术博物馆展厅里展示着一台老式蒸汽机。当人们集中参观的时候，这台蒸汽机就会被发动起来，隆隆作响，牵引轴上的皮带"指挥"着几台旧机床刨、铣、钻、磨。解说员站在车床前，一脚踩、一手压、一手顶，几分钟工夫，一个穿孔小铜环就切割了出来。他说："这台家伙可有130多年历史了，但工作起来毫不含糊。'德国制造'就是从这样的机器开始的。"

董明珠非常推崇德国的工业精神，精专、勤恳，对于产品精益求精，即便是一台拥有130年历史的机器，依然能够精确地履行责任。时任德国副总理、联邦经济和能源部长的加布里尔说："顶级工业企业塑造了正面的德国形象，对我们所有人都有利。一旦它做不到这点，正如大众所熟知的那样，'德国制造'标签将遭到冲击，影响远远超过企业本身。"这些话一方面有对德国企业的警告，另一方面也有对德国工业精神的自豪。

"德国制造"这个专有词汇如今已经成为产品质量和价值的代言，它更秉承着企业对产品的态度。可以说，产品质量（包括服务质量）是企业素质、企业发展、企业经济实力和竞争优势的核心。所以，董明珠一直有个梦想，就是把格力建成百年企业，因而她把对质量的要求放在第一位。她常说："质量是诚信的根本。我们要在保证质量的基础上，化解价格问题。格力电器要在材料供应、生产、管理、技术和销售、服务的每一个环节上促成诚信的良性循环，这样才能使市场和消费者对格力有信心，使'百年企业'的梦想不会落空。"

她眼中的质量，不仅仅关涉产品的每一个零部件，还包括生产产品和销售产品的每一个细节。可以说，一个有理想的企业，对质量的高要求应该深入到生产的各个环节，落实到企业每一位员工心中。

多年来，格力电器始终秉承"追求完美质量、创立国际品牌、打造百年企业"的方针，"用心做好产品就是最佳的营销"也是董明珠的销售心得和对格力电器的一贯要求。她不敢有丝毫的放松，因为一旦放松，面临的可能就是毁灭。

在她看来，一个品牌的消失，主要有两点原因：第一，对产品质量抓得不严格；第二，对市场和时代变迁的忽视。

曾经风靡一时的调味品永峰辣酱，就是因为这两点原因失去了它忠实的消费者。

作为湖南双峰县引以为傲的产品，"永丰辣酱"已经存在了几个世纪。明代即形成传统工艺。清朝时，作为贡品被进献给咸丰皇帝，永丰辣酱得以享誉全国。1980年，永丰辣酱不仅畅销全国各地，还远销日本、美国市场。在那个年代有这样的业绩是很多企业可望而不可及的了。

1986年国营永丰辣酱总公司成立，为了谋求快速发展，永丰辣酱下属有多家子公司，均以"永丰辣酱"品牌上市销售辣椒酱。不过，由于市场需求太过旺盛，为了扩充产能，一些分公司放弃质量求好的初衷，大肆收购外地辣椒代替本地辣椒，任意缩短工艺流程，甚至掺杂面粉、豆渣，造成永丰辣酱质量大幅度下降。

对比后起之秀"老干妈"陶华碧的成功，永丰的失败显而易见。陶华碧带领的"老干妈"走的是另一条路子，多年来始终坚持不打广告，只是埋头做辣酱，做完一款后再接着开发新产品，大有"两眼不闻窗外事，一心只做辣椒酱"的架势。陶华碧的辣酱坚持标准化制作工艺，口感始终如一，获得了消费者的信赖。

具体到辣酱制作，陶华碧对于每一个流程都做了严格的把关。从选辣椒开始，必须是贵州当地的优质辣椒，尤其以虾子辣椒为优。其他地方再好再便宜的辣椒，陶华碧都不要，因为她觉得不对味。生产阶段更是被层层控制，大到温度、湿度，小到玻璃罐的尺寸，陶华碧都亲自参与，而且对每一个生产线的员工都进行现场辅导，告诉他们该怎样做，为什么这样做。

对比陶华碧"老干妈"和永丰辣酱，可以得出结论：产品质量的重要性要远大于知名度，要先培养消费者的忠诚度，然后再考虑扩大规模。

面对永丰辣酱信誉度的丧失，有人痛心疾首地说："具有三百年历史的永丰辣酱牌子砸在了当代人手中。"永丰辣酱的失败，是基于品牌知名度而生的投机心理，认为自己是老字号，所以不把消费者放在心上。再者，也是其对传统技艺过于自信，而产生骄纵自满所致。永丰辣酱的管理者认为，永丰辣酱之所以被评为名优产品，全因采用传统土法技艺生产，没有必要耗资引进先进工艺和机器设备，所以生产能力和工艺水平逐渐被时代拉下。但是陶华碧的"老干妈"却在筹到资金之后投入现代化生产线的建设，标准化作业，既提高产能，又不失味道，自然容易斩获市场份额，培养起消费者的忠诚度。

可见，一个有远见的企业，不仅要对产品质量有要求，还应为提高产品质量而加强对产品升级的管理，即不断创新和优化，才能成为消费升级的领航者。

为了全面实施质量管理和"精品战略"，格力在生产线上下足了功夫，投入大量资金进行科研开发，仅 1997 年至 2007 年的 10 年时间里，格力就投资了 4 个研究院，培养了 5000 多名开发人员。

格力电器有句名言："对质量管理的仁慈就是对消费者的残忍。"为了做出好产品，适应市场高中低端不同消费群体，从产品设计到零部件采购，从生产线到包装箱，从物流运输到安装维护，格力电器实行了严格的质量控制，像修炼生命一样修炼质量，还出台了"总裁禁令"和"八严方针"。

"八严"的内容即制度要严格使用，设计要严谨扎实，工艺要严肃且踏实执行，标准要严厉并符合消费者实际需求，服务要严密诚实，教育要严明务实，考核要实事求是，处罚要有实效。概括起来就是：严格的制度、严谨的设计、严肃的工艺、严厉的标准、严密的服务、严明的教育、严正的考核、严重的处罚。这八项方针对最常见、最容易发生的工艺程序做了看似不近人情的规定，对违反规定的员工采取最严厉的处罚方式，罚款甚至开除，目的就是让员工牢牢记住"质量第一，顾客满意"的企业精神。

工业之路注定是艰辛的，想要做成"百年企业"，最少要三代的努力，并不改初衷，这个过程是一个很枯燥、孤独的过程。董明珠觉得自己在这条路上是很寂寞的，至少在中国的制冷工业界是如此。她一直把踏踏实实做事的"工业精神"作为格力的发展信条之一，但真正读懂其中含义的人又有多少？她相信，无论是做企业、做事还是做人，当你有了为之坚持的东西，便会越做越好。

只玩专业，不玩数字泡沫

在大众的眼中，媒体的进化速度之快是令人叹为观止的。在过去，信息的传递往往比较滞后，可在如今的大数据时代一切都变得有迹可循了。尤其是在虚拟世界，一切都显得无所遁形，对于制造业而言，进入电商时代，网络口碑的影响力尤为重要，因为不仅商家重视，连消费者都依靠这些大数据来判断自己购买商品是否可行。

对网络口碑的重视，正在成为企业品牌建设的一个重要课题。对传统空调行业而言，网络实现了厂商与消费者直接互动，令渠道更加扁平化，电子商务渠道正在成为一个快速发展的主流销售渠道。

2015 年，由《法制日报》主办的《法治周末》与第三方舆情监测数据平台"新微邦"做了一组中国空调品牌网络口碑调查，涉及了在国内销售最火爆的十大空调品牌：格力、美的、志高、海尔、奥克斯、松下、海信科龙、长虹、TCL、格兰仕。两个数据平台对 2015 年度十大空调品牌出现在传统媒体（包括电视、纸媒、网络论坛，以网络呈现为准）和微博的大数据进行挖掘和梳理，发现从正面信息数量上看，格力和美的高居前两位，结果算得上可喜可贺。当然，这两大品牌在拥有较高知名度的同时，负面消息也有不少，可谓"福兮祸之所伏"，网络口碑仍有较大提升空间。

作为空调行业"一哥"，2015 年的格力依然保持了强劲势头，董明珠也不敢懈怠，积极地投入互联网浪潮。年底时，她与京东董事长刘强东联手，以卡通形象为格力与京东的合作卖力吆喝。为了表示公司积极转型的态度，董明珠还出现在格力天猫旗舰店的地铁广告中，力挺电商平台。

专业人士看大数据是看门道，行外大众看大数据就是看热闹。不过，即使是看热闹，大众也不仅是看品牌口碑，这也侧面反映了大众对空调市场的口味越来越刁。今时不同往日，空调进入中国市场几十年，早已从 20 世纪 90 年代的高档"奢侈品"变成走入寻常百姓家的一般消费品。全球气候变暖的自然条件为空调市场提供了增长预期，同时也给空调制造业提出越来越多的高标准和高要求。就中国目前的空调行业现状而言，既有机遇，也有挑战。

首先，一线品牌市场份额越来越大，杂牌空调淡出人们视野。2008 年，国内空调零售市场销售量排行前五名的品牌占据了近三分之二的市场份额，市场占有率达到 62.18%；品牌淘汰率也史无前例地高，由 2007 年的 52 个减少到 34 个，而这 34 个幸存品牌中有 16 个也已经疲软，市场占有率还不足 1%，被消化掉是迟早的。这说明龙头品牌垄断市场的趋势越来越强，国产品牌和进口品牌市场争夺壁垒分明。

其次，不再玩价格战，改为品牌战。

价格战已经是 20 世纪的玩法，国内空调市场呈现供过于求的局面，空调企业的利润越来越薄，祭出"降价"法宝参与竞争，只会以牺牲产品原材料或减少质量管控或降低安装和售后服务等成本为代价。如果还玩价格战，无论哪个品牌都玩不起，消费者追求的已经不再是廉价，为了获得更好的质量保证和售后服务，消费者宁可多花几百元购买品牌产品。

最后，消费者对新概念更感兴趣。空调领域的新概念无非是健康、智能、节能、环保以及美观。能够产生负氧离子、自动换气、自动清洁、杀菌除螨的健康型空调，无噪声污染、节能高效的环保型空调等产品，成为市场新宠儿。可爱、奢华、低调等外观设计风格也成为消费者的关注点，时尚和实用相结合的产品成为消费者首选。

如今空调制造业大品牌，祭出争夺市场的产品花样百出，怎么在这种环境中突出重围？董明珠的团队没有风向陡转，而是坚守了她一贯的原则——专业化战略。

哈佛大学商学研究院教授迈克尔·波特提出了三种企业实用的竞争战略：总成本领先战略、差异化战略和专业化战略。采用总成本领先战略和差异化战略的企业是我们熟知的格兰仕和贝因美。

格兰仕集团在微波炉及其他小家电产品市场上采取的是成本领先战略。2000 年，格兰仕微波炉生产规模达到 1200 万台，居全球第一，是排名第二位的企业的两倍多。生产规模的迅速扩大带来了生产成本的大幅度降低，这成为格兰仕成本领先战略的重要环节。它的规模每上一个台阶，价格就大幅下调，格兰仕通过这个方式构成行业壁垒，筑起自己经营的安全防线，摧毁竞争对手的信心，使自己在市场上处于绝对的统治地位。

而贝因美则是率先在国产婴儿奶粉中添加"DHA ＋ AA"营养成分，与普通配方奶粉构成品质差异化。它在奶粉包装上也进行创新，将有封口拉链的立袋作为袋装奶粉的包装，卫生、安全，还能更防潮；并且立袋正面面积大，有利于终端陈列面的抢占，利于吸引顾客眼球。差异化的竞争战略在同时段为贝因美抢占市场提供了优势。

当然，无论哪一种企业竞争策略，都需要在特定的市场背景下施展。波特指出："这些战略类型的目标是使企业的经营在产业竞争中高人一筹。尽管有时企业追逐的基本目标可能不止一个，但是这种情况实现的可能性很小。因为有效地贯彻任何一种战略，通常都需要全力以赴，并且要有一个支持这一战略的组织安排。如果企业的基本目标不止一个，则这些方面的资源将被分散。"

有鉴于此，绝大多数企业在制定竞争策略时，大多是只有一个主要战略，抛弃其他战略或以其他战略为辅助目标。作为空调行业的领军者，格力在企业竞争战略方面，坚定地走了专业化战略——一个最艰苦、最耗钱，却也是最容易持久的竞争战略。我们可以看到，享誉世界的苹果公司始终走产品专业化战略，为什么呢？专业化发展能使企业更高效、更有针对性地服务一些消费者，从而超过较广阔范围内的竞争对手。

这样做有三个结果，或通过满足特定人群而实现了差别化经营，或在服务特定人群时实现了低成本，或者二者兼得。可以说，走专业化战略经营的企业更高瞻远瞩，其盈利的潜力通常超过产业的普遍水平。

可以说，2010 年以前，格力电器是中国唯一一家坚持专一化经营战略的大型家电企业。因为过于"固执"，也被经济界、营销界、企业管理界一些人士诟病，称其为"一篮子鸡蛋"战略。不过，2002 年，格力电器再次荣登《财富》"中国企业百强"榜单，排行第 46 位，用专业化经营战略狠狠地打脸负面评价。

表面看上去，格力的专业化战略类似"一篮子鸡蛋"战略。这是早期格力占领市场时采用的策略给人的错觉。

格力电器成立之初，品牌知名度低，市场占有率低，只得将产品集中投放在"春兰""华宝"等著名企业影响较弱的地区，在皖、浙、赣、湘、桂、豫、冀等省树立品牌形象，建立巩固的市场阵地。而格力电器一开始强调的就是"只做空调"，朱江洪、董明珠的专业化思路就是将有限人力、财力、物力、注意力都集中在空调制造上，力求从某一专业、某一行业进行渗透和突破，深入一个市场领域进行深度开发，形成明显的竞争优势。

但走入格力的核心科技研发中心，不难发现格力其实是走"多篮子鸡蛋"战略，只不过鸡蛋分散在了核心科技、品牌、性能、外观等方面，也就是当代消费者感兴趣的各类新概念，而非做各种各样家用电器，分散自己的财力、物力、人力。

2016 年 5 月，阿里智能和格力联手推出了 5 款智能空调新品，分别被命名为睿风系列和智风系列。技术方面，用户可以通过下载阿里智能 APP，来远程控制格力智能空调，包括温度和风向，以及模式等。它特别拥有节能模式，能系统分析用户所在环境的温度与风速，并且自动调配适宜的频率和风速，确保最舒服的温度体验，同时达到省电的效果。

另外用户可以设置自己的睡眠习惯，分为舒睡模式和舒醒模式。此外还有午睡模式和 DIY 模式。如果是对噪声非常敏感的用户，可以启动"室内机噪声设定"模式，选择自己最适宜的噪声数值，最低可低至 19 分贝。消费者既能享受空调的温度，又能最大程度获得安静。

格力的这些产品无一不符合健康、智能、节能、时尚这些关键词。朱江洪曾经说过，在条件允许的情况下，格力还是会走上多元化发展道路。今天，董明珠在做手机，在做电饭煲，正说明多元化战略和专业化战略是不排斥的。

早在 1994 年空调行业价格战的时候，董明珠就意识到，科学技术的发展、生产规模的扩大、制造工艺的提高，都会使生产成本不断下降，销售价格不断降低。合理的价格竞争，才是造福于消费者、有利于促进企业不断发展的手段。这就要依靠规模效益及成本挖潜。一味地拼市场份额，甚至挤垮竞争对手，低价倾销，对消费者和企业本身都是不负责任的。

此后经历了更多的"价格战"，董明珠信念越发坚定：坚决不打价格战，坚决走专业化道路。价格的高低不过是一种商家的数字游戏，普遍抬高之后充满了泡沫，普遍降低又是以牺牲质量为前提，董明珠想玩的就是"专业"，让竞争对手追之莫及的"专业"。

不过，董明珠坚持的专业化战略不是让企业一条道走到黑，而是建立在不断创新基础上的专业化。格力空调的产品制造可以

走专业化道路，但不妨碍在能力足够时研发更多的产品。新产品
也可以继续走专业化道路，就像苹果既做电脑，也做手机、Ipad、
手表等，在每个领域均有专精。

解决产品市场黏性和变现的方式

在管理和控制计算机硬件与软件操作系统领域居统治地位的
当属 Windows、苹果和 Linux。其中，苹果的系统一直迎着潮流
而上，好评也是最多。然而，尽管苹果成为移动互联与智能设备
领域的霸主之一，它的硬件软件质量都不错，但社交网站汤博乐
的技术高管阿门特却突然唱了反调："苹果的软件质量走了下坡
路。"这可能给苹果带来相当的负面影响。

阿门特认为，苹果公司营销部门的失职是导致软件质量下降
的原因，因为营销部门没有足够的市场意识，以至于工程团队没
能跟上一年发布一次重大软件更新、同时还要保持软件质量的
节奏。

用户之所以会由衷支持苹果的操作系统，是因为它相对于其
他系统有自己独特的优势。假如有一天用户有了更好的选择，苹
果系统可能就要被抛弃了。所以苹果公司应该把重点放在确保设
备能运行良好的问题上，而不是每年都发布重大的操作系统
更新。

很多人可能还不明白，企业的营销部门对于技术部门的影响
为什么这么大。事实上，技术部门能紧跟时代研发产品，与营销

部门的运作密不可分。所以现代管理学之父德鲁克才说："由于企业的目的是创造客户，那么任何企业都有两个基本功能，也只有这两个基本功能，那就是营销和创新。"

企业想要大规模销售自己的产品，实现利润最大化，产品本身得能为它的消费者提供方便、创造价值、增加利益和降低购买成本。产品能不能实现这些用途，技术研发者很难挨家挨户去询问或者接收信息反馈来判断，这些都是靠着营销团队来反馈的。

董明珠很早就认识到这一点，所以她将全面营销观念融入格力电器生产的每个环节。让企业内外的所有活动领域都为最后的市场营销服务，而市场营销服务又对企业运作的环节起到催化作用——反馈市场信息包括顾客对产品的需求、何时何地需要这些产品、期望的购买价格等，由此避免发生类似苹果系统那样的问题。正是对营销观念的认识和对消费群体的细致调研，令格力形成了自己独特的运营模式，即售前、售中、售后三位一体的全程服务模式。其中，强调售前、售中服务高于售后服务，是董明珠独家提出来的，这是增加产品市场黏性和变现的最好方式，也是竞争者一直在模仿但从未超越的营销理念。

售前服务，其实是董明珠老生常谈的问题，即是将产品质量作为第一要务。她始终坚持，绝对不拿消费者当试验品。每一款格力空调在设计前都必须经过长期、缜密的市场调查，设计时要站在用户的角度，尽最大努力满足用户实际和潜在的全方位需求。就以格力曾推出的变频空调"冷静王"为例，一拖再拖4年才上市，目的就是把最好的空调呈现给消费者。

1996年，"冷静王"分体式变频空调进入研发阶段，该款产品的能效比达到 3.35，噪声仅 34.2 分贝，一旦问世，将成为当时国内噪声最小、制冷效果最好的空调。消息一放出来，一石激起千层浪，众多空调厂商为了抢夺第一桶金，将还不成熟的产品投放市场，结果就是很多产品频频出现死机现象，让变频空调成为一纸空谈。

然而，最早研究变频空调的格力却偃旗息鼓。董明珠的想法是，着急生产新品抢夺市场是没有意义的，技术还不成熟，出了产品也是拿消费者开涮，只有质量过硬的产品打出来的市场江山才稳定。经过整整一年的研制，经销商以为格力终于要出招了，纷纷向格力要货，不料这次董明珠又让大家扫兴了。她不但没有将产品投入市场，反而将格力驻各地办公室当成了实验室，在内部不断地实验变频空调的性能。在董明珠的眼中，当技术足够成熟时，才是她向消费者交出答卷的一刻。

直到 2000 年，格力变频空调才慢半拍地投放市场，虽然进市场的脚步晚于很多厂商，但它的优越质量和性能征服了消费者。

"冷静王"仅仅是格力"强迫症"产品的冰山一角，每一台格力空调在出厂前，必须在 170 余个具有国际领先水平的实验室里过五关斩六将，经历恶劣情况下的长期运转试验、环境与老化测试、盐雾试验、潮态测试、噪音测试、高低电压启动测试、长途颠簸试验……从方方面面确保送到用户家中的产品具有普通品牌难以比拟的优异品质。

没有高品质产品就没有一流的高端市场占有率，同样，也就没有一流的品牌。董明珠把"第一次把事情做好"的原则带给了格力的每个员工，因此格力的空调产品质量标准一直都高于国家标准和国际标准。因为对质量有足够的信心，格力打破了空调行业的禁忌，向消费者全方位地展示空调内部的构成。一刀切下去，空调内构一目了然，什么样的原材料制造的压缩机、换热器、控制器、通电通气管道，消费者大可以拿去货比三家。

2003 年，董明珠提出了"没有售后服务的服务才是最好的服务"的服务观，"无售后服务"并非真的没有售后服务。格力在内控标准中，将自己产品的最低保质期锁定在 8 年。众所周知，空调产品的寿命就是 8 至 10 年，能够对产品质量 8 年不出问题有信心，可见格力售前对产品把控的严格。

在董明珠的观念中，售后是对消费者的承诺。例如 2005 年率先倡导"空调整机 6 年免费包修"；2011 年，承诺"变频空调 1 年免费包换"；2012 年，推出"变频空调 2 年免费包换"；2014 年，提出"家用中央空调 6 年免费包修"……

多次的售后承诺其实也是格力对自身提出的严苛要求，格力人把这种苛刻用在对售前售中的态度上，在生产、制造、物流、销售、安装等环节采取有效措施，那么售后就变成辅助性的条件，也解决了消费者的后顾之忧。

任何人在买东西的时候，先想到的肯定是好不好用、方不方便，而非坏了怎么办。今天的消费者对质量的关注远远高于对售后的关注，宁可之前消费质量过硬的产品，也不愿意在商品坏了之后花时间跑维修点。因此，如果让消费者在完美产品和完美售后之间做选择，消费者肯定选择前者。故而董明珠引进高端的管理理念，设立分拣厂，对员工实施苛刻的"第一次把事情做好"

的要求，就是为了做到对消费者的这些承诺。

第一炮打得响，后面的炮声也不能示弱，售前做得好，售中同样重要。董明珠坚持引导经销商提高服务水平，为顾客提供科学化、网络化、信息化的服务。在空调运输和安装方面也下足了功夫，格力近几年先后推出安装人员持《房间空调安装培训合格证》和《格力空调安装资格证》双证上岗、维修服务"快速反应部队""格力专家服务纵队"等新举措，以最快的速度和最好的服务来应对消费者的需求。

将售前、售中做到最好，售后服务就成了顺水推舟。这就像是炒菜，选择最好的食材和烹饪工具，选择最棒的厨师，做出富有营养又美味的食物，最后就只差精美的盛放器皿。把每一个步骤做到最好，推荐菜品的人便有据可言，享受成果的人就有无上的体验。

所以，在质量之上的营销，是董明珠做好格力空调信心的根源，也是许多相信格力产品的消费者忠诚的根源。

没有淡季的市场，只有淡季的思想

"销售淡季"对于产品有季度限制的企业来说，往往是噩梦般的存在。很大一部分行业都有淡旺季之分，到了淡季，企业收入减少，市场风险增大。对于小企业而言，销售淡季就是难熬的"冬天"，一不留神就有倒闭的危险；大企业也往往在销售淡季陷入窘境。格力这样坚持专业化战略，成为在制冷方面达到同行顶尖级的企业，注定了它每年会遭遇淡季袭击。

对于"销售淡季"一说，很多企业家、经商者都无可奈何，往往为了节约成本而做出裁员等决策。董明珠却偏偏持相反的态度："没有淡季的市场，只有淡季的思想。"别人认为是顺的，她偏偏要逆着"潮流"而行。在经营江苏市场时，一年隆冬季节，在所谓的销售淡季，董明珠突然大搞营销活动，在南京市场签下了 200 万元的空调销售大单。

20 多年在格力的生涯，董明珠的思维总是超越职位所需，人在商海，思维却不局限于商人思维，所以她才总能推陈出新，游刃有余地指引格力发展之路，有人把这种特质叫作"大局观"。

大局观的思想不是国内特产，在欧美投资者眼中，对于那些创业者而言，最主要的特质是拥有大局观，他们不喜欢"在太细小的点子上浪费过多的时间"的人，尽管他们很欣赏创业者在某一领域的某一细节上有独特的看法，但他们更希望看到创业者由点及面的大局观，即以小取大的布局能力。

拥有大局观的人，实际上其直觉的敏锐更加让人惊叹，他们不太受惯性思维左右，为了践行自己的理念，他们会用别人不敢为的方式去验证自己理念的正确性，这就是他们获得成功的关键。

日本的"经营之圣"盛田昭夫一生似乎都在做着类似的实验，当人们回首他的创业生涯时，除了称他具有大局观之外，也不知该如何形容他的惊人之举。

他在索尼任职期间，素以决策英明著称，但在 1989 年 9 月，他却做出了一个备受争议的决定——斥资 48 亿美元将哥伦比亚电影公司及其关联公司一并收购。当时的哥伦比亚电影公司的股价为每股 12 美元，索尼出价却是每股 27 美元。在很多经济学家和高管看来，索尼和盛田昭夫无疑是疯了。

从收购那天到 1994 年 9 月 30 日，哥伦比亚公司累计亏损 31 亿美元，创下了日本公司公布的亏损之最，看上去索尼似乎大势已去了。而如此亏本的买卖，令盛田昭夫的晚景有些凄凉，尤其是 1992 年他染上中风，从此不再处理索尼的经营决策与管理事务。然而命运为他关上一扇门，却又为他开了一扇窗。

当年备受诟病的索尼收购案在进入 21 世纪之后，突然绝地反击，被看作盛田昭夫一生最大"败笔"的哥伦比亚电影公司卷土重来，在当时最有潜力的家庭视听娱乐业中大展拳脚。于是有人感叹，当初许多人还在斤斤计较眼前的经济利益得失时，盛田昭夫已经用自己特有的眼光洞见了 21 世纪索尼赖以存活的根基——视听娱乐，而且他用其敏锐的商业直觉，觉察到了好莱坞的知识产权对索尼发展的巨大战略意义。这让人们意识到，一个优秀领导者对企业的价值。

董明珠在对格力的未来进行规划时，所表现出来的大局观不只是商业人士靠直觉产生的，还有对行业的正确评估。现在有一些分析认为，空调行业的"天花板"已经临近了。董明珠不以为然。那么怎样去理解行业的"天花板"？用最简单的例子来说，一个制造业企业在全国大、中、小城市甚至乡镇都布局了市场和实体店，它的拓展就遭遇到了饱和，这种饱和状态就是"天花板"。

如果单从空调的销售而言，表面上看的确是快触摸到"天花板"了，但董明珠却看到了不一样的生机。早在多年前，空调业的"天花板"问题就被人热议，可是对董明珠来讲，别人怎么说不重要，关键是自己怎么做。

"我认为永远没有天花板，在行业里面只要保持你的技术领先，保持不断创新，给消费者带来生活的改变，你就没有天花板。所以我认为，天花板就是不敢挑战自己，否则没有天花板。"她道出了一个事实，就是技术领先，这个领先不是单纯地创新空调型号，而是要发掘更大的创新空间。格力甚至研究了新型的空调，一种不需要电费的空调，甚至空调都可以发电。"我可以把空调发的电卖到城市电网去，可以收钱回来，开玩笑地说，如果我的空调做大一点儿，我就可以不上班了，因为我可以发电了。所以在我来讲，我认为没有这个天花板，如果有天花板就是自己不敢挑战自己。"

事实上，专业领域是没有极限的，在制冷领域里面，特别是跟空气有关的东西，还有很多值得研究的，包括在环境污染、温室效应、臭氧层破坏的大环境下还有许多需要解决的问题，这些是无限的。

再如，跟智能概念结合的各种新型的空调，都还在研究和试验当中。格力一直在逼着自己走这条可持续的发展之路，把空调做得更扎实、更符合社会利益，不断地对自己的极限进行挑战，不断对新领域进行尝试，只要肯坚持下去，成功一次和成功一百次都不是难事，哪里还有"天花板"呢？

要摆脱"淡季思想"，或者说摆脱"天花板"思想，除了一谈再谈的创新求存，在对市场的把握和管理上，也要充满前瞻性。

首先要洞悉的就是行业需求，或者市场需求。需求决定生产，首先找到消费者对产品的需求，然后抓住需求，进而满足这种需求，引导消费，自然就没有所谓的淡旺季之分。

以生活中最简单的饮品为例。在人们的惯性思维中，冷饮、冰啤酒在天气冷的时候会转入销售淡季，可是在一些火锅店、烧烤店及酒吧等场所，这些饮品都非常受消费者的欢迎。试想在吃烤肉热火朝天、满头大汗之际，服务人员送上一杯冰淇淋，这是怎样的享受？

可见，通过变更针对的消费者群体来指导企业的生产，可以帮企业顺利地度过"冬天"。

其次是调整市场。当区域市场上的消费需求达到一定限度无法增长时，企业扩大市场范围将增加消费者需求。通常在所谓的行业淡季，大多数品牌的市场拓展处于休眠期，对市场管理工作减弱，广告投入相应减少，市场上的干扰信息相对就小。这个时间正是突出重围的最好时机，董明珠在做业务员时，就经常在销售淡季展开类似的营销活动，大力推广格力的产品。淡季营销有利于企业占领渠道和品牌形象的建立，市场的扩大会带动销售业绩的提升。

有时候，反其道行之应对淡季也有出奇的效果。人们通常认为空调行业的淡季是8月至次年4月，有人想方设法缩短淡季，董明珠却故意延长淡季一个月，并展开疯狂促销。仅仅一个月，格力销售业绩逆市暴增，此时同行才如梦方醒。

再者是市场重心转移。产品的淡旺季在不同地区有不同的时间段。有些产品在南方出现淡季时却在北方开始进入旺季，在城市市场进入淡季时却在农村市场出现旺季，地面店进入淡季时却在网络市场进入旺季，在国内进入淡季时却在国际市场出现旺季……解决淡季问题关键在于准确把握市场需求，适时转移市场重心。

还有，淡季也是企业休整自身的好时机。企业就像一台机器，一年到头不可能时时刻刻保持高速紧张状态，也有管理调整期。这段时间可以进行财务梳理，清理不良资产，合理利用闲置资产，优化银行贷款等；可以对厂房、设备进行适当的修缮与更新淘汰，引进新技术，或将工作重心倾向于研发新技术等；可以进行重大人事变动、项目投资、战略规划、战略转型、渠道变革等。

　　面向市场出对策，面向企业做调整。董明珠的商业思路变化多端，敢大胆设想，也敢大胆尝试，这就是她的成功元素。"眼前不赚钱的，并不代表永远没有钱赚。"即便是别人眼中的"天花板"，她也有捅穿的魄力，因而能比别人更快地寻找到新的路径。

第四章
所谓的和谐，都是斗争出来的

工作中没有任何柔情可言，不可能既能把工作做好，又不苛刻、咄咄逼人，和谐是斗争出来的。

斗争出来的成功法则

　　管理学大师泰罗和梅奥在管理理论方面存在着很大的分歧，泰罗的科学管理理论将人看作"经济人""机器的附件"，强调组织权威和专业分工；而梅奥的行为科学理论则认为人是"社会人"，提高生产效率的关键是满足员工的社会欲望，提高工人的士气，而不是纪律的强制和物质的激励。从本质上来说，两个人的理论对立其实就是刚性管理与柔性管理的对立。

　　很多人将董明珠的成功看作是柔性管理的合理运用，然而恰恰相反，董明珠推崇的却是军事化管理，她认为："很多人说女性管理者更人性化。我说没有'人性化'的管理，管理只有一种，就是制度，不分男女。管理是企业的根基。"她眼中的管理没有刚柔之分，企业的内部环境和外部环境的和谐，都是斗争出来的。因此她有一句特别出名的话："团结是斗争出来的，和谐也是斗争出来的。"

　　有句老话说得好："与天斗，其乐无穷；与地斗，其乐无穷；与人斗，其乐无穷。"董明珠不与天斗、不与地斗，就是"与人斗"，当然，这也是迫于无奈而为之。自她进入格力以来，从没在斗争场上下来过。

一开始和安徽欠款的经销商斗，接着和形形色色的经销商斗，实现了"先款后货"的营销模式；进入格力总部后，和公司里背景复杂的同事斗，和出尔反尔的经销商博弈，和假公济私的公司副总斗，和商场上的竞争对手斗……无时无刻不在斗争中求生存，而她一丝一毫的气馁都没有露出来。

有人跑到朱江洪面前说："有她没我！"董明珠也不客气地对朱江洪说："有他没我！"她在格力真诚地为企业服务，虽然赢得了同仁的尊重和关心，可往往因为认真工作不可避免地触及某些人的利益，自然而然地遭到嫉恨甚至是诽谤，但她面对所有的爱与恨，都是那么坦然。

"爱与恨都是生命对我的赐予，与他们较量，使我更清楚地懂得了我该如何做人。我自己感觉我人缘很好。其实世界上有99%是好人，但是也有个别的人非常不负责任，像这种不负责任的人，如果你不严厉制裁他的话，这本身就是一个不负责任的行为。"因为痛恨不负责任，所以董明珠毫不手软。

董明珠的斗争哲学在业内已经出了名，她自己也意识到，有斗争就会流血，无论是流的谁的血，结果只要是对公司有利的，对大众有益的，就是对的。2003 年，正值格力发展欣欣向荣之际，格力电器的董事长朱江洪和时任总经理的董明珠联手发起了一场争夺"格力"商标使用权的斗争。

2003 年 10 月 28 日，《粤港信息日报》刊登了一篇题为《格力进军厨具市场》的文章，紧接着中国财经信息网也刊登了题为《据传格力建成三个小家电基地》的文章，称"格力进军厨具市场，5 年后达 15 亿生产规模"。这场为格力小家电的造势引起了格力电器内部巨大的反应。11月4日，格力电器向国内的媒体发布严正声明：格力电器接连发现南方某报纸和某网站发表的文章，没有向格力电器求证，文章内容纯属虚构，严重误导广大投资商和消费者。格力作为上市公司，是国内最大的专业化生产空调系列产品的企业，目前只生产空调产品，不生产任何小家电产品；"格力"商标作为驰名商标仅指本公司生产的空调类产品；任何公司借用"格力电器"及格力空调的品牌形象来宣传自己的行为都是违法的。

这个声明一发出来，措手不及的不是媒体，反而是格力集团总部以及下属企业格力小家电。格力小家电指的是珠海格力小家电有限公司，是格力集团的子公司。格力电器的叫板，直接触动了格力集团的利益，而关于"格力"品牌之争，表面上看上去是格力电器和格力小家电之争，实则是格力电器与格力集团之间的内斗。

这场斗争不同于以往的格力电器内部人事斗争或者格力空调市场角逐之争，它的影响早已超越了简单的内部矛盾。在外人看来，总会有格力集团即是格力电器的错觉，实际上这是一个误解。格力集团成立于1985年3月，是珠海市目前规模最大、实力最强的企业之一，它的发展格局包括工业、房地产、石化。全集团拥有"格力""罗西尼"两个中国驰名商标，其中的"格力"，指的就是格力电器。

长期以来，格力电器作为格力集团旗下唯一的上市公司，已经发展成空调领域数一数二的知名企业，同时也把"格力"发展成全国知名商标。数据显示，2002年，格力集团220亿元的工业总产值，有210亿元来自格力电器。凭借这一成绩，格力集团占据整个珠海市当年工业总产值的一半。2003年，格力电器成为珠海最大的支柱性工业企业，当年总产值占珠海市工业总产值的三分之一。

正是因为格力电器的突出贡献，在格力集团的地位数一数二，其经营、人事、财务独立，导致它在某些方面比集团还要强势。又因为它的经营理念和企业文化定位与格力集团存在严重分歧，所以格力电器和格力集团在发展道路上渐行渐远。

而在格力集团总部看来，没有格力集团，就没有格力电器，20世纪90年代，是集团倾尽全力支持格力电器的发展和上市。格力电器上市后，第一大股东正是格力集团，所以格力集团有格力品牌权、重大决策权和人事任免权。鉴于此，格力集团使用"格力"商标是合理合法的。

相对于格力电器而言，"格力"商标是企业的无形资产，这个从1991年起创立的商标是朱江洪的心血，至今"格力"二字保留的都是朱江洪的手迹。原来格力电器不是上市公司时，居于弱势，所以商标需要交给集团无偿使用，集团却不屑于使用；等到格力电器的影响力扩大，集团的子公司就开始争用"格力"商标，给自己增加知名度。在朱江洪和董明珠看来，作为格力电器的经营者，他们有必要保护和维护商标权，他们不仅代表着格力集团大股东的利益，也代表格力电器中小股东的利益，对于集团的指令，如果损害到格力电器的中小股东利益，他们有权提出质疑和反对。

分歧不是一天两天产生的，而是一个长期积累的过程。格力集团的体制极为严格，几任董事长的经营策略和目标都与格力电器貌合神离。在格力电器上市之前，朱江洪就曾因格力集团层层审核格力电器的人事任免、经营战略等问题，与集团发生过矛盾。直到格力集团成立格力集团财务有限责任公司，要求格力电器出资时，格力电器以按照证监会规定（上市公司要保证财务独立，不允许与控制人共用银行账户）为由拒绝格力集团要求，彻底令格力集团翻脸，格力电器因此被找了不少的麻烦。

不久，格力集团又把"格力"品牌借给珠海格力小家电有限公司、顺德格力小家电公司和中山格力小家电有限公司使用。这三家公司的宣传材料都打着格力电器的名头。但是，他们的生产设备简陋，缺乏核心科技支持，产品质量低劣。不明所以的消费者却因只看品牌不看生产厂家，经常拿着质量出问题的产品找格力电器索赔和寻求售后服务，一方面令格力电器不胜其烦，一方面严重损害格力电器的品牌形象和信誉。

媒体的一纸报道终于令朱江洪和董明珠忍无可忍，两人联手发布声明，与格力集团彻底撕破脸面。格力小家电随即联合格力集团进行反击，向媒体声明格力小家电和格力电器一样，为集团授权经营的家电产品专业子公司，合法使用"格力"字号和商标。紧接着，格力电器和格力集团开始了围绕股权的战争。终于，2004年9月，格力电器出资1.48亿收购了格力集团持有的凌达压缩机、格力小家电、格力电工和新元电子等4家子公司的股权。第二年12月21日，格力电器与格力集团签署商标转让合同书，格力集团无偿将"格力"商标转让给格力电器。

一场围绕商标的激烈斗争终于结束了。这仅仅是暴露在众多媒体中的表面斗争，而隐藏在商标战争背后的同时期格力内部改制斗争，也让朱江洪和董明珠吃尽了苦头。

与腐败频现的格力集团拆伙，进行股权分置改革，两人不惧所有外来诋毁和收买，彻底令格力电器摆脱了集团的控制。依照董明珠的话："格力集团长期运营不规范，出事是迟早的事儿。"一语中的，单单2004年，集团就有部分高层被拘留审查，集团黑洞越曝越大。当格力集团给朱江洪开出1000万退休金，让他隐退时，董明珠对他说："集团被那些人搞得亏损几十个亿，要是他们来做格力电器，企业很快就会被断送掉，这也势必损害国家利益。"听到这里，朱江洪终究还是决定留下来斗争到底。

董明珠的斗志和能力一直都是不容小觑的，她始终坚持自己的一套斗争哲学——领导做事一定要有魄力，有分析能力和决策能力。在格力她已经干了20多年，与人斗，与市场斗，与领导斗，与自己斗，她要求苛刻严厉，总是有些人不舒服，觉得没面子。但她觉得，只要是为了格力，为了这个企业，不是为她个人，"霸道"一点儿也是没有关系的。在她的眼里，斗争不是乐趣，而是肩负企业命运的重担，斗，则活。

谁的销售模式就是谁的游戏规则

奥格·曼狄诺在写下《世界上最伟大的推销员》时有过这样一句话："如果想法改变，态度就会改变；如果态度改变，行为就会改变；如果行为改变，习惯就会改变；如果习惯改变，人格就会改变；如果人格改变，命运就会改变；如果命运改变，人生就会改变。"这句话既是对改变人生的总结，同时又恰到好处地说出了推销的本质。比起根据市场需求而做出的营销行为，推销的目的更直接，更具有单向性，通过一定的方法和技巧使受众改变其曾经的想法、态度、习惯而接受推销员的产品，这不是一个双向需求的过程。

但营销就截然不同了。联纵智达咨询集团董事长、首席营销顾问何慕对营销有一个精辟的解释："营销活动 80% 是科学与经验，20% 是艺术与创意。市场是实践者的天地，而非狂想者的乐园。"也就是说，无论你的商品在你眼中多么具有市场，没有经过市场的实践和对市场环境的科学培育，一切都于事无补。

董明珠将二者看得非常透彻，因此她对格力的营销部门一再强调，营销不是推销，它靠的是市场需求，也靠业务员们主动去培育市场。没有早先培育市场的过程，就没有 1997 年格力的

"股份制区域性销售公司模式"的成功。

在"股份制区域性销售公司模式"建成之前，格力已经具有了人脉优势。企业的人脉优势不是靠经营者的个人人脉，而是靠企业产品质量、诚信制度、企业文化所产生的。从成立之初开始，格力始终坚持诚信、公平的对外合作态度；坚守不拿消费者当试验品的原则；坚持自主创新，不断为企业注入鲜血。这些措施为格力积累了一大批忠诚的经销商，这些经销商则成了格力在销售方面把握高强度主动权的本钱。

另外，格力实行的"返利政策"，包括淡季贴息返利、年终返利，甚至不定期返利政策，能够很好地稳住经销商，因为做了格力空调的经销商等于进了保险箱，不会亏本。这些返利政策多年来一直延续，一些地方经销商对返利政策的看法，很清晰地说明返利政策给格力和经销商之间带来的黏性。

格力的返利政策是一个环环相扣的过程，如果只想一进一出赚差价，根本挣不到钱，格力的产品按价格一般可分为标牌机、活动机、特价机等几种。比如提标牌机的货，当期提货格力会给经销商15个点的"返利"。第二次提货不仅会有相应的"返利"，还会对第一次的提货追加几个点的"返利"，第三次可能会对前两次的提货追加"返利"，以此类推。

此外，格力会根据市场变化制定相应的返利政策，例如在节日促销活动期间、竞争对手发起针对行动时、经销商缺现金流时，会释放相应政策，鼓励经销商提货。每一期提货和上一期提货相关联，一旦经销商不跟风提货，错过某一期，损失就比较严重，可是一旦跟上了，就肯定能赚钱，因为消费者非常认可格力这个品牌。

不难发现，格力与消费者之间的黏性，也是经销商"舍不得"跟格力拆伙的原因。

跟经销商之间牢不可破的"人脉"，是格力"股份制区域性销售公司模式"成功的最重要因素。国美原董事局主席黄光裕虽然很佩服董明珠建立的这个销售模式，可始终认为这并非长久之计，双方在销售模式上所持观点的矛盾也造就了后来的格美大战。不过，此后的十几年，格力的销售模式的成功让许多同行瞠目结舌。直到 2006 年，海尔、美的、志高等家电制造商才回过味儿来，纷纷效仿格力模式，自建销售渠道，这个时候，格力模式已经良性运行了整整 10 年。

不过，格力模式的运作也并非完全一帆风顺，尤其是在向经销商返利实行"无纸化操作"的时候，遭到了部分地方销售公司的反对。2001 年，时任格力安徽淮南销售公司总经理的梁某对总公司提过强烈意见：股份制区域性销售公司作为实体，与格力公司是平等的，而非附庸。格力公司却以"家长"自居，对区域销售公司的年终返利全凭"董姐"一张嘴，没有任何书面契约保证，如果销售公司想要获得最终的年终返利就得忍气吞声受格力差遣，唯格力马首是瞻。

"无纸化操作"诚如其名，没有纸质契约约束，地方销售公司及股东与格力总部这样合作，的确有一定的风险，能不能盈利，取决于格力总公司的返利多少和是否兑现。正因为如此，一些销售公司感觉受到了挟制，陷入欲罢不能的尴尬境地。

为什么选择"无纸化操作"，董明珠有自己的考量："中国空调市场非常特殊。竞争空前激烈，商业间谍、商业谣言无孔不入，各家制造商的定价政策、返利政策被视为'核按钮'。如果一旦'有纸化'，易被竞争对手获悉并加以利用，定价体系会一下子被击穿，而营销渠道顷刻之间土崩瓦解，企业只能被动挨打。"明枪易躲，暗箭难防，格力采取"无纸化操作"这样严密防范的措施只是为了避免商业机密泄露。而且，依照格力和经销商多年的合作，早已有诚信支撑彼此的合作关系，大多数大商家对格力的做法都是认可的。

再说，如果格力没有"信用原则"，签了合同不兑现，盖七八个公章等于没盖，还不如不签合同不盖章。能不能合作对商家来讲，靠的是和厂家之间合作的诚意。若朝令夕改，遇到困难就回避，遇到矛盾就反目，谁还能愿意跟格力合作。格力有诚意、也有实力保护经销商的利益，更能提供让消费者满意的高质量产品，存在这些市场黏性，是厂商和经销商合作的基础，那些跟格力合作愉快的经销商看重的正是这一点。

安徽的梁某事件爆发后，董明珠没有积极反驳，而是采用了冷处理办法，她相信时间可以说明一切。果然，三个月后，经销方重新注册了一个淮地新兴格力销售公司，按销售年度当时只剩下两个月，格力空调不仅没有减售，还实现了销售额增长1.2亿的业绩。事实证明，格力靠真诚是可以赢得市场的。

这件事也让董明珠越发地意识到，和经销商搞好关系，建立真诚合作关系的重要性，为此她提出和经销商建立"忠诚、友善、合作、共同致富"的合作原则。经销商无论大小，格力一律一视同仁，真诚相待，平等合作，互惠互利。为了凸显诚意，格力不但重视经销商的想法和意见，一起磨合和改善出最适合彼此的合作方式，还为经销商解决实际的困难。

早期格力的经销商都以现金汇款支付货款，他们有多少钱就进多少货，不少经销商反应现金流吃紧的状况。2001 年之后，格力电器允许经销商以银行承兑汇票预付货款，即通过银行贷款的承兑汇票来支付空调款额。银行担保的方式给了格力和经销商双方保障，一旦经销商出问题，银行去解决，给了格力现金上的担保；而经销商则依靠银行承兑汇票 6 个月的期限来销售产品，保证手上现金流的流通，还能实现货款回流。不仅如此，只要市场环境稳定，经销商可以通过这个方式购入超过现有购买力的货物，无形中给格力也增加了销售额。

董明珠的这种做法，既给经销商减轻经济负担，也给格力带去了销售业绩的提升，一举两得。

2006 年，格力电器拿出总股本 15% 的股票发放给经销商，第二年再将 10% 的股权转让给 10 家业绩良好的销售公司，让经销商和格力更紧密地绑定在一起，调动他们维护和提升格力品牌的积极性，共同享受格力经营的成果。

此外，针对经销商的销售技能和个人素质培养，格力会定期安排课程，对他们开展业务培训，请高校名师根据企业文化、企业发展中面临的市场问题设置课程，让他们时刻都能感受到格力对经销商的重视。

因为有真诚为媒介，格力得到了下游经销商们由衷的支持，使它的市场抗压能力坚不可摧。也正因为这种模式的生命力，令格力在市场竞争中游刃有余。

成为搅局者还是破局者

在猛人辈出的制造业，董明珠的霸道是出了名的，她在格力干了20多年，也战斗了20多年，大家视其为"董姐"，对她的强悍气场不得不甘拜下风。让竞争者、同行如此忌惮她的很大一个原因就是她喜欢打破规则，从"先款后货"到"淡季返利""年终返利"的营销模式，到自己建股份制区域性销售公司，再到2004年至2006年与国美的战争，一次次不按套路出牌，不守行规，在彻底打破一切旧习之后，重新建立属于格力的市场规则，使很多人不得不跟着她走。

"如果揭疮疤是为了除掉疮疤里的烂肉，如果打破的规则是不合理的规则，又有何不可？"面对别人说她是个"搅局者"，董明珠笑而坦然。她的"搅局"能力，从刚进入格力总部担任经营部副部长就开始了。

1996年空调制造商掀起了"空调大战"，许多经销商要求格力降低售价，董明珠从长远利益考虑拒绝了经销商的要求，于是格力的经销商反弹了。

格力的第一经销商大户直接飞到珠海对董明珠直言不讳地说："董明珠，你要明白，我们才是你真正的后台，你把我们搞好了，你的位置才坐得稳。如果我们大经销商都说你不好，我看你的位置还坐不坐得住。"

董明珠不动声色，于她而言，她只希望格力在一个健康的发展路上走下去，至于权力、金钱，她根本不在乎。如果她现在举起白旗向经销商妥协，损失的是格力的利益，且定价权也会受制于人。于是，她毫不犹豫地拒绝了对方。该经销商与格力合作多年，和格力不少高层关系密切，看董明珠这么不识趣，就把事情闹大了，弄得董明珠在企业里外不是人。

但董明珠的倔强可是众多高层领教过的，她用事实为格力高层剖析不降价的原因。首先，南方即将进入高温期，虽然短暂的降温影响了现在的销售情况，但再有半个月气温攀升，空调市场前景依然向好。再者，这个第一经销商看起来做得大，不是靠渠道、靠服务，而是靠以往的低价倾销，为了从中牟利，他自然会从各个厂商手里压价，这样厂商的定价权就处于被动，受制于经销商了。一来二去，经销商做得越大，格力损失越多。今天看起来拒绝这一个经销商可能会失去一个大户，但是按照以往的经验，只要公司维护住80%的经销商利益，获得大多数经销商支持，市场不但不会缩小，反而会有越来越多的经销商愿意代理格力的产品。

她的坚决打动了包括朱江洪在内格力高层的支持。从这以后，董明珠"搅局"的名声就传出去了，只要有谁的行为和做法触犯到格力的制度和利益，她都要与之斗上一斗。其中，最为世人瞩目和津津乐道的就是"格美之争"，也是董明珠搅的最大一"局"。

　　这场商战爆发于 2004 年 2 月 21 日。素来以"薄利多销"为销售原则的国美电器为了能在空调销售旺季抢占先机，在没有征得大多数空调厂家同意的情况下，首先以成都国美为先行，突然进行大幅度促销，格力空调降价为所有空调品牌降价之首。

　　素来以"绝对不打价格战"为风格的董明珠此时正在参加全国人民代表大会，刚一听说这个消息，先是震惊，接着是愤怒，这是让格力被动地接受价格战，完全不顾格力电器的销售原则和利益的做法。

　　按照国美电器老总黄光裕的想法，国美买了格力空调，就有资格降价，而且国美这样的大型连锁代销商，一向是电器公司得罪不起的，所以他认为董明珠"绝对不敢翻脸"。但他没想到的是，董明珠是不可能对经销商低头的。当天晚上，董明珠就给格力在四川的经销公司经理打电话，让他通知国美停止降价销售，并且向格力道歉。

　　国美对此不以为然，在北京的总部直接拒绝了格力的要求：绝不停止降价销售，绝不道歉。

　　董明珠是个眼里容不得沙子的人，以前国美就干过类似的事情——2003 年国美搞促销，推出"买威力送格力"的活动，把格力空调当成赠品给消费者。当时格力为了能跟国美协商出更合理、更符合双方意愿的合作方式，选择退了一步。如今怎能一忍再忍？

　　"如果不停止降价销售，那就不要再销售格力！"董明珠干脆断了向国美供货。

　　她的强硬反应也出乎了国美的意料，但国美也不会轻易向一个厂商妥协。3月9日，国美总部向全国销售分支机构发布"把格力清场、清库存"的决定。自此，连续9年全国空调销售量第一的格力和拥有130多家连锁商城的全国最大家电零售商国美电器的战争打响了。外界大多数人认为，董明珠会输，因为像国美这样的大卖场，哪个厂家跟它作对，一定会付出惨重的代价。

此时此刻，不知是否该庆幸董明珠有先见之明——股份制区域性销售公司模式，给了她足够的信心与国美一争长短。国美的实力虽然雄厚，销售网络遍布全国，但是格力的销售额中国美仅仅占了1%，九成以上的销售业绩靠的是股份制区域性销售公司及地面专营店。抛开国美，格力一样可以保证年40%的销售增长率。

黄光裕却觉得，一个厂商应该把重心放在强调技术而非销售上。以松下电器为例，松下在日本建立了很多自有的营销途径，但现在看来，几乎都已经不存在了。格力把过多精力放在自建地方销售渠道上，是本末倒置，不可能长久，而像国美这样的专业电器销售店才是大趋势。

格力模式摆明了是有优势的，但董明珠却不以此反驳，而是从价格战导致的恶性循环上反驳国美："国美跟格力发生的矛盾，并不是个人之间的矛盾，而是观念上的矛盾。格力始终把消费者利益摆在第一位，而不是今天卖一个低价产品，就认为我的价格最低，我是最好的。现在的商家和厂家都没有暴利，低价倾销，是双亏损。如果都亏损，企业就要倒闭，许多人将面临下岗，这不是大家愿意看到的。企业要对自己的行为负责，不能赚暴利，但也不能不赚钱，这就是格力与国美之间的不同观点。我希望跟格力合作的人，都能成为赢家。同时，给大家提个醒，只要每个人都用诚信对待每一件事、每一个人，那么你就可能是赢家。"

对于类似国美、苏宁这样的大渠道卖场，制造商们是又爱又恨，一方面大渠道卖场是主要销售渠道，每年走货量占厂家总销售量的一大块儿，失去了他们就等于失去了销售大路。可是，让制造商们气愤的是，大卖场对制造商压价压得太狠，往往令制造商无利可图，甚至有时候赔钱，简直是鸡肋的存在。董明珠跟国美这么一打，许多制造商为她拍手，暗叫董明珠给他们出了口气。

董明珠对此却不以为然，既然自己敢跟国美叫板，为什么这些厂商不去跟国美谈呢？关键还是想依赖国美把自己的产品卖出去。如果一家厂商的产品质量足够好，在哪个卖场、哪个专营店，老百姓都会买账。老百姓不买账，说明产品质量没过关。格力敢退出国美这样的大卖场，关键就是"格力有好品质，你不卖我的，老百姓要我的。有消费者，就不怕没出路"。

自此，格力对待经销商的态度更加坚决，你一天不接受格力的价格原则，格力就坚决不在国美卖场设柜。董明珠的信心不是空穴来风，就在国美清场格力后不久，大中电器找上门来，与格力签下一份包销 1.8 亿元空调的年度协议，而上一年格力在大中的销售额只有 1000 多万元。

2006 年，国美、苏宁两大家电连锁巨头制订了新一年的空调采购计划，达数十亿元。国美电器称率先拿出 5 亿现场签约空调主流品牌，采购量达到当年整体市场份额的 40% 以上。

在国美的订货会上，众多空调厂家的一把手悉数到场，董明珠却没参加。其实国美已经向交恶两年的格力递出了橄榄枝，发出了邀请函，但在董明珠那里却吃了闭门羹。董明珠的想法是，她要定一个合理的价位，用这个价位跟国美进行营销，如果国美不同意，格力可以到别的地方卖。黄光裕未料到董明珠依旧如此有恃无恐，只得放弃采购格力空调。这场交恶直到 2007 年 3 月 14 日，以广州国美电器与广州格力签署一份两亿元的采购协议而告终。

广州国美电器的总经理高集群用一句"在商言商"道出了两家和解的最终原因——销售理念的统一。格力的销售原则没有改变，变的是国美，是国美决心"做以消费者为导向的企业"。

多年后，回忆起当年与国美电器的商战，董明珠十分淡然："其实，我一直没和黄光裕见过面，当时的争端，也是为了各自企业的利益，很正常的事情。"此话虽然表示的是"各为其主"，却也是董明珠对市场、对消费者负责的坚决态度。

格力需要的是一个持续的、长久的、永远的发展，所有企业需要的也都是这样的发展，违背这个发展原则，损失的不只是一家企业，而是多边共损。

董明珠在她的《棋行天下》一书中写过："我们都在寻找共同的游戏规则，期待'正和博弈'，不是你吃掉我，也不是我吃掉你。棋行天下，并非统一天下，而是和所有人一起走下去。"做企业、做市场，就是一个博弈的过程，既在规则之内，又能超出规则之外，在两者之间游走，寻找自己的规则，寻找有利于企业、市场、国家的发展之道，这就是董明珠的商场棋道。

"我永远是对的"

在商场上，董明珠是个不折不扣的狠角色，这令很多人惧怕她，怕她的执着，怕她的坚持，更怕她敏锐的商业嗅觉和商业潜力。正因为如此，她往往给人一种过于自信的感觉，就连她自己也说过："我从来就没有犯过错误，我也从不认错，这就说明我永远是对的。"

世界上几乎很难有人果断地说，自己永远不会犯错。人无完人，金无足赤，外界对于董明珠的过度自信总是报以怀疑的态度。那么，董明珠哪里来的自信，让她如此霸道放言？

在格美大战之后，董明珠说了一句话："我之所以敢这样做，敢同国美较量，是因为自己无私无畏，完全是从市场的角度看待问题。只要是从别人的角度来认真地考虑问题，是从市场规律的角度认真地考虑问题，做出的决策就肯定不会错。"从这些话不难看出，董明珠的自信源于何处，她在处理任何问题时不是盲目地往前冲，而是经过严谨的思考和衡量，在她的眼中，正确的东西一定可以赢。

著名漫画系列《呆伯特（Dilbert）》作者史考特·亚当斯曾在一家贷款公司工作，他的老板告诉他说："如果有人对你说，他非常热爱自己的工作，那么不要把钱贷给他们。"原因是，过度的激情是靠不住的，它会蒙蔽你的双眼，让你看不到自己的缺点，导致你的艺术作品、你的产品、你的公司迷失方向。盲目自信给人带来的决定也是盲目的，所以想让自己保持正确，规避盲目自信是其一，还要不断地拷问自己。

一位搞研发的创业者在做出产品之后，会每一天都进行自我拷问：

我今天是不是真的变得更好了？

这真的是我想要使用的功能吗？

我开发的这个功能，是不是真的比其他网站上类似的功能要更好？

我拥有世界上最好的公司，我们绝不可能破产倒闭！这样的想法有没有过于自信？

每一次董明珠做出决定之前，都会做自我拷问，外人眼中她是一言堂，实则她内心已经思虑千百遍，并找到足够数据来支撑自己的决定。她认为，做任何决策的时候，会带来什么后果，自己必须进行评估。因为没有这样的评估，决策可能就是错误的。一旦错误，给企业带来的损失是非常大的。所以，在做任何一个决策的时候，绝对不可以有任何的后遗症。

2015年，针对格力业绩下滑的情况，种种猜测甚嚣尘上，在央视《交易时间》里，董明珠对此做出了回应。格力电器成立了26年（截至2015年），原来每年增长的速度是10个亿、20个亿、30个亿，从2012年开始，每年是以200个亿的速度在增长。仅仅3年时间，就超过了公司前20年的总和，达到1200亿销售额。到了 2015 年，格力遇到一个最大的问题就是内部进行了价格调整，因为材料价格发生变化，总不可能是通过暴利来发展这个企业，所以董明珠觉得，它应该有一个合理的利润空间，因此对市场价格进行了一个大调整。

材料价格在发生变化，销售价格自然也发生变化，市场需求是一个固定量（增长稳定），因而企业的销售额自然而然就减少了，大概这个额度就少了 160 亿~180 亿，完全抵消了增长率。再者，外部的影响是经济下行，又正逢格力转型，各种因素加起来让格力的数字很不漂亮。但是，董明珠还是觉得很骄傲，因为在下滑了接近 400 亿的时候，给国家的纳税金额是增长的。

不仅如此，格力电器成立这么多年，在 2011 年利润百分之六点多，但是到了 2015 年的时候利润已经超过 12%，三年翻了一倍，是这些数据支撑格力电器，说明它是一个具有竞争力的企业。

鉴于这些统计数据，董明珠才敢在媒体面前展望未来，甚至到 2025 年。她不会一拍脑袋就跟别人说"我能如何""格力能够做到什么程度"，但凡她敢说出去的，都是根据企业状况发言，如果没有做到，她会及时在媒体面前讲出，为什么做不到，什么原因导致的，格力下一步有什么可靠的计划。

她的风格就是：要么不说，要么说得痛快淋漓，让人家心服口服。她坦然，自己在工作的时候太认死理、爱较真，可是她改不了，因为工作上就应该有原则，错了就是错了，该改必须得改，没有模棱两可、糊涂哲学。

面对原则她绝不低头，她认为明明看到一件事做了会对企业带来损失，不去坚持反对而是妥协，那是不自信的表现。故而她素来直截了当，不会考虑对方的感受，不管任何场合，任何地点，任何时间，她都会很直率地说出来对方错在哪里，怎么改。别人喜欢遮丑，她喜欢揭疮疤。这样的霸气和奇特的自信感，令她作风强硬，也招人嫉恨。但她想的是，她的每一个决策都是从公司利益出发，她不后悔。

在董明珠的办公室里悬挂着一幅字："献身企业忘自我，棋行天下女豪杰。"这是她的伯乐兼恩师朱江洪在 2005 年送给她的生日贺礼。把全身心都献给企业，格力内部再没有人比她更适合这句话。在机器轰鸣的车间里，巨大的广告灯箱上是董明珠的画像，她那双锐利的眼睛注视着每一个人，大概她想让企业的员工都像她一样拼命工作，对企业、对社会有所奉献。

在对格力的企业管理上，董明珠还特别强调自己"老师"的角色。她曾出过两本书——《棋行天下》《行棋无悔》，讲的是她在空调行业传奇化的经历。公司内部订购了不少，专门给员工和经销商看，看董明珠做业务员、做营业部部长、做总经理、做董事长一系列过程和做决策的果决。她希望员工也能像自己一样，勤奋、执着、认真、无畏。

因为她的严厉，她的下属都怕她，一方面是因为敬畏，另一方面因为她的要求严格，怕达不到她的要求，心里难免有压力。这就像是老师在管理学生，学生们心里又敬又怕，又想得到老师的肯定。

董明珠的自信与霸气，不单源自她相信她的每一个决策都是从公司利益出发，还有很大一部分原因仰赖于格力这些年良性发展给她的信心，有人称之为"理论自信"与"大师自信"。

"理论自信"来自格力的"理想"。董明珠说过："格力不是只为盈利而存在的企业，我们希望通过科学技术改变大众的生活，这是格力第一个理想；格力的第二个理想，是通过自主创新，让格力为中国制造代言，成为令全世界称赞的民族品牌！格力的第三个理想，就是'让天空更蓝，让大地更绿'。"

理想的宏伟令格力拥有强烈的使命感，所以格力人有了"建立全球领先企业、制造伟大产品、建设更美好世界"的目标，提出了"掌握核心科技，生产精品"的战略。

有目标、有战略、有每年为了科技创新而不断增加的科研投入，格力有相当大的技术支持做靠山。企业的创新力越强，企业的发展潜力越大，这就是董明珠理论自信的来源，是支撑她敢到处叫板的重要因素之一。

"大师自信"源于"理论自信"。一般来说，"大师"意味着技术高端的人。格力这么多年培养了8000多个大学生，他们进行了很多突破传统思维的创新，都是董明珠心目中的专家。很多企业盯着格力，想从她这里挖人，以前有国内企业来挖，现在国外企业也来挖，足以证明格力人才的吸引力。有人才就不怕创新落后，董明珠当然有恃无恐。

董明珠之所以能霸气外露，锋芒逼人，就是因为她用强大的现实武装了自己，她的自信没有私心。因为她一心为了企业的发展，而企业的发展给她强势的资本，令她永远都显得那么闪闪发光。

唯一可靠的是制度

国家、社会、团体都需要相应完善的制度的制约，作为企业、公司，更需要管理制度的制约。董明珠非常认同中国的一句老话：没有规矩，不成方圆。"规矩"就是制度，没有制度的企业，就等于没有管理，企业就会在松散的状态下勉强维持，破产几乎是可预见的。

许多创业者在团队只有 10 个人的时候，公司的规章制度非常少，因为制度少便于统一管理口径。当规模从 10 人扩至 20 人，从 20 人扩至 50 人，再从 50 人扩至 100 人甚至更多人的时候，公司的创始人的角色将发生巨大的变化。这时候，如果还想用管理 10 人的制度去管理数百人、数千人的团队，他将接二连三地出错。就算把头皮抓破，也找不到根源，究其原因，正是规章制度的不完善。

很多人对公司规章制度与流程一类烦琐的要求感到厌烦，认为它充满了官僚主义作风，又昭示着森严的组织架构。不少人担心公司的管理制度过于烦琐和严格会阻碍创新的脚步，结果却恰恰相反，它竟是成就一个公司的条件。

在美国企业当中流行一句话："总统是靠不住的，唯一可靠的是制度。"制度完善合理，公司的发展既可控又灵活，它可以被应用于技术研发、团队交流、员工会议、绩效考核、对外合作模式、财务管理、团队建设等方方面面，有合理的流程和框架规定，每个员工可以根据这些各司其职，发挥自己的价值。试想一下，如果没有制度规范，每个人的分工都不明确，奖惩制度不明确，管理范畴不明确，还有谁愿意在这样糊涂的公司里生存呢？

此外，公司规章制度还有助于在日常的工作中切实践行公司的价值观，让无形的价值观变成大家都看得见的行为习惯。

董明珠初到格力总部的时候，就感觉到管理有些混乱，因此当上经营部副部长以后她首先抓管理。随着她的职位升高，她对管理的要求更加严格。她推崇军事化管理，还搞过军事化训练，就是想让大家严肃起来、规矩起来。有很多人说女性管理者更人性化，她却说："没有'人性化'的管理，管理只有一种，就是制度，不分男女。管理是企业的根基。"在格力，人行道和车行道是严格分开的，如果员工在车行道上走路，就要被开除。别人说董明珠的这个制度太苛刻，但她却反驳说："如果员工被车撞了，这还是人性化吗？"

因此，她强调制度的严格性和刚性。她给员工举过一个例子：上海曾出台了一个交通制度，如果行人闯红灯被撞，司机将不承担责任。后来，一辆出租车撞死了某高校的一位闯红灯的老师，这件事引起了争议，最后法院判决司机负主要责任。

这就是朝令夕改。董明珠的意思不是说司机不该负责，而是交通制度的制定没有被严格执行，既然不能执行，为什么当初要设定它？如果制定了它，那么就应该执行，在它面前人人平等，它的作用才能显现出来。若是没有严格的制度，今天可能就不存在格力这个品牌了。

由这个例子还引发了另一重思考，那就是制度的合理性。制度必须要有，但要不断趋于完善与合理。如果管理制度混乱，员工就难以遵守规则，落实到工作中更步步维艰，工作效率自然下降，也就无法实现经营目标。不仅如此，若是制度执行起来会让大多数人利益受损，少部分人得益，那就失去了公平性，是有阶级、有代价的制度，便无法真正落实了。反之，制度越严谨，越具备科学性，体现公平性，符合大多数人利益，人们执行起来就心服口服，受益的不仅是企业，还有所有制度的执行者。

一些管理制度不合理，大抵是因为是管理者一拍脑袋想出来的，不符合人性，甚至制约人性。下级不易执行，便找对策应付上级，这就是所谓的"上有政策，下有对策"。可见企业的管理制度不仅要考虑是否符合员工的利益，还得考虑他们的心理和素质水平，他们是否能理解、接受并执行下去，让他们了解到执行制度给他们带来的实质益处，别让管理成为空头支票。

相应地，格力在制定管理制度时为了更贴近员工的心，还把激励手段融入进来。落实管理制度的目的除了约束员工，最重要的是为了员工的进步，要刺激他们将各项制度执行起来，所以还得有激励。激励力度越大，落实得越有效，但激励的尺度要有把握，否则会有反效果。

什么意思呢？以美国的一个幼儿园为例，许多家长因为工作太忙，所以总是不按时接孩子回家，幼儿园需要派两名老师守在教室，直到最后一个家长到来把孩子接走。有人给幼儿园出主意，以罚款的形式约束迟到的家长，每迟接孩子一次，罚款 5 美元。结果原本接孩子迟到率由 30% 变成了高达 50%。这是怎么回事呢？原来，那些迟到的家长们心有愧疚，觉得耽误了幼儿园老师的时间，现在有了罚款制度，他们觉得迟到成了理所当然，因为他们交了罚款，以金钱作补偿。所以，越来越多的家长觉得即使迟到也可以用金钱弥补，他们就不用太着急了。不久，幼儿园取消了罚款制度，本以为情况会好转，然而却并没有。这又是怎么回事呢？原因是，家长们觉得不罚款，说明幼儿园可以承担家长迟到的风险。

这个例子说明管理制度和激励制度融合是有弊端的，一旦激励过度，当激励变少或者消失的时候，制度就没有人落实了。

董明珠还强调管理制度和企业文化的契合度要高，如果两者冲突，是自打嘴巴。格力的企业文化可总结为一条，即"以人为本"，因而领导者制定的管理制度要真正从员工角度出发，了解、关心员工，才能制定出符合员工和企业共同利益的管理制度。

然而，管理制度制定得无论怎么完美，关键还是得执行下去。美国通用公司前总裁韦尔奇先生认为，执行力就是"企业奖惩制度的严格实施"。奖惩制度是企业制度的重要组成部分，这句话也充分印证了，严格实施制度是企业战斗力和竞争力的证明。

个人执行力取决于其本人是否有良好的工作方式与习惯，是否熟练掌握管人与管事的相关管理工具，是否有正确的工作思路与方法，是否具有执行力的管理风格与性格特质等。团队执行力就是将战略与决策转化为实施结果的能力。能够把企业管理制度执行到位，同样是领导素质和员工素质的体现。

董明珠常说，有制度不执行，再唾手可得的业绩都会化为泡影，再艰辛的努力都是无用之功；能够落实执行制度，不但综合体现个人、团队、企业的素质，更是他们获得成功的加速器。

营销观念和管理方式的跨界融合

营销队伍的好坏关键不在于营销人员的本身素质，而是在于企业对营销团队的规划和管理。可以说，好的管理方式对营销队伍能力的提升起至关重要的作用，甚至可以达到"1+1=3"的效果。在销售渠道中，那些忠于企业的人才才是开拓市场、扩大市场的主力军，培养他们的忠诚度，依靠的是管理。

备受推崇的格力企业管理模式，其与众不同之处在于融入了营销观念，把营销思路渗透到管理中，又通过管理刺激下游营销，水乳交融，相辅相成。

格力的企业管理包含的方面大抵与其他企业是相同的，包括技术管理、人才管理、财务管理、市场管理等方面，不同的是每一个环节都与营销挂钩。

在技术管理方面，它的"售前、售中、售后"三位一体模式，充分印证了营销对技术创新的刺激作用。从2001年起，格力电器通过层层监控加大对原材料采购程序和运作环节的调整。

董明珠规定，企业的供应部、外管部、筛选分厂、技术部等工作单位对原材料采购都承担责任，要做到"货比三家，质量取胜"。她严格要求采购人员杜绝人情关、亲情关，保证格力空调材料质优价平，谁想"走后门"，绝无可能。这样做不产生任何经济效益，反而增加了企业支出，但却从根本上杜绝残次品的出现，保证每一台格力空调都经得住时间的考验。目的就是为了拿出最好的产品以消除售后的隐患，并且为营销队伍支撑一个坚实的质量后盾。对技术管理的严格和坚持，让格力在消费者那里赢得了"买品质，选格力"的美誉，其知名度、美誉度也超过很多国际知名品牌。

在人才管理方面，格力进入董明珠时代后，极为重视对人才的培养和考核，实行"能者上，平者退，庸者下"的制度。用人唯贤而不唯亲，倾向于从基层培养人才。

全球大型跨国连锁餐厅麦当劳的用人制度即是从基层选育人才，有超过75%的餐厅经理、50%以上的中高级主管以及三分之一以上的加盟经营商都是由计时员工培养起来的。格力也建立了一套"选、育、用、留"的人才培养体系，超过95%的中层干部都来自格力内部培育。

格力是属于技术驱动型企业，因此将员工视为企业发展的战略资源，新员工正式入职后都会被指派一名导师，协助其了解工作事务，使员工以最快速度适应工作岗位。为了让员工的心理和实际业务更快地与市场接轨，格力会不断革新用人制度和培训制度，对有潜力的人才大胆授权，让他们在重要的岗位上历经风雨洗礼，施展更大的才华。

财务管理方面的创新，格力更是做得别出心裁。董明珠说过，营销各环节的管理工作做得好，业绩提升就是顺理成章。从前台、财务、调度、仓库、送货、安装到售后，涉及营销各个环节的工作都需要管理智慧。从前台的销售开单开始，格力很早即应用销售管理自动化系统，避免人工开单的疏漏。

前台开单之后，销售单数据会自动提交至财务部门，由财务部门确认收款方式、金额及发票是否开具，财务确认后再提交给派工，派工安排发货。发货后，财务系统内自动显示是否有收尾款项目，如果尾款未收回，数据始终挂在财务尾款的项目内，有效防止尾款遗漏情况的发生。在这个系统中，每天收款情况会自动生成报表，应收尾款、维修款等款项会自动生成，便于财务对账。

这套销售管理系统对每个项目的每个环节进行了有效跟踪和闭环管理，令管理者能随时随地发现业务运行中的问题，让企业能准确了解库存数量和实际可调用数量，为销售决策提供数字依据。它不仅方便了财务管理，也令格力的销售情况变得一目了然，业绩显而易见。

这套销售管理系统是结合了董明珠多年来的管理经验和计算机技术设计开发的，是当时市场上唯一的以项目为中心的、流程化的销售管理系统。因无纸化和非人工操作，它的数据大多数自动生成，谁负责什么位置、领料者是哪个人，都会被清晰记录在系统中，避免出现人为猫腻、损公肥私行为。

对市场的管理，是与营销观念结合最紧密的部分。格力从1995年开始推出"淡季返利"模式，1996年又推出"年终返利"政策，都是为解决企业旺季产能不足、淡季产能过剩问题，还解决了经销商旺季供货不足以及旺季进货价高的问题。

其中，"年终返利"对提高经销商的积极性起到了巨大的作用，为了得到更多返利补偿，经销商们努力开拓销售渠道，建立销售网。但是，这样做也有弊端，很多经销商不赚卖空调的钱，只奔着格力的返点去，有的甚至为促销产品会自降3个点，以高销量来赚格力的那2个返点利润。还有的经销商跨地区串货倾销，自己"弥补"旺季供货不足，导致多地市场价格混乱，消费者摸不准自己买到的是否为格力真货；与此同时，各个一级经销商之间相互争斗，也是元气大伤。无论是对品牌信誉度还是对市场稳定性都造成了恶劣影响，既损害经销商利益，也损害格力的信誉。

为了消除这种弊端，格力实行了条形码制度，相当于给空调打上了身份证，限定区域，不允许跨区销售，控制产品流向，对违规串货者给予停货、处罚等制裁。但是条形码制度实施之后，串货现象还是没有得到控制，条形码没能有效制止经销商向别处串货的行为，这使得厂家对产品价格的控制力被大大削弱了。

董明珠意识到，堵洪不如泄洪，于是又再次对市场进行了干预，"股份制区域性销售公司模式"应运而生。该模式的其他优势毋庸置疑，它对经销商跨地区串货倾销的行为能够限制的原因在于，格力总部给销售公司提供品牌和市场，并实施监督，其他权利一律下放给销售公司。销售公司有制定价格和政策的权力，有很大的自主权。如此既培养了各经销商对格力品牌的忠诚度，又大范围地统一了价格体系。

把营销观念融入管理方式里，是董明珠特有的管理方法。营销接触的是市场最前沿，所以它所获得的信息是最新的，将这些信息反馈到管理制度的制定当中，所产生的管理方法就会时更时新。创新不应该只局限于技术领域、人才领域，对管理的创新，更能带动其他领域的创新，因此董明珠总是把眼光放在最前面，随时创新出一套适合企业发展的路线。她不怕输，也不怕丢人，更不怕因试验而造成的短暂损失。只要她觉得一套管理办法是正确的，她会不顾一切去实践，唯有实践才能证明一件事的成败得失。

第五章
企业做大 = 制度延续性 + 人才培养

没有人才，一切归零；没有道德，人才归零！

人才与企业互为孵化器

"孵化器"一词被引入经济学领域之后，就变成了一个热门词汇。企业的孵化器就是那些在企业创办初期提供资金、管理等多种便利的大型机构，目的就是对高新技术成果、科技型企业和创业企业进行孵化，推动合作和交流，使企业做大。对于人才而言，他们的孵化器就是企业，随着企业的成长，公司的团队能力稳步上升，企业的综合实力就变得更强，对投资者而言更具有吸引力，或者在市场上的竞争力更强悍。可以说，人才与企业是互为孵化器的，少了谁，另一个就没有了可提升的平台。

"对于一个企业的发展来说最重要的环节有三个：一是技术，二是管理，三是人才的培养。"董明珠对人才非常重视，甚至说过，她做格力总裁最大的成就就是用了人才，这些人才不单是搞技术方面的，企业管理人才也很重要。她常讲，企业做大了以后，最核心的问题，一个是制度的延续性，一个是人才的培养。光有好的制度、好的规则，没有好的人才来执行，企业做大太难。现代企业面临的最大问题不是没有市场，而是没有人才去经营。因而格力的发展问题，实际上就是人才梯队能长久地接替下去的问题。

培养接班团队是一个持久的发展规划，以确保有足够的能力和精力接替上一班团队。每个企业有每个企业的特点，管理者可以根据企业的特点培养梯队类型，例如细节型的、技术型的、探索型的，不同类型的人才，接替者的类型也有针对性。

如果接班团队从企业内部选用，企业各部门的领导者除了要对人才类型进行考察，还要计划培养人的数量和时间，以及怎样提升这些人才的管理能力，并有针对性地安排培训课程。如果发现没有符合接班人类型的人员，就要在对外挑选和录用人才上再下一番功夫。

在董明珠的眼中，格力的接班人担负的是保证企业良性、稳步发展的责任，不仅要有才干，还得在品德上过关，其中最重要的就是忠诚度。她对接班人的要求有三点：第一要忠诚，第二要有奉献精神，第三要讲诚信。如果这几个最基本的要素不具备，他的能力再强，对企业来说都可能只是埋了一个定时炸弹。

董明珠在格力倡导的文化就是"忠诚"，韩剧里面的警察见面打招呼就是互相说"忠诚"，这让她很在意。她希望以后格力的员工见面也是这样打招呼，从而形成格力独特的文化。她认为一个领导者应该具有一种奉献的精神，就是不能考虑个人得失，应该将自己更多的精力全身心地投入到企业里面，把自己的生命与企业联系在一起。这是她作为领导者对企业的忠诚，而所有员工对企业的忠诚正是企业的生命力所在。

现代管理学奠基人杜拉克说："有德无才培养使用，无德有才限制使用。"一个限制，将人才的忠诚度作了划分。十几年前，曾经有个公司将格力广州营销部门倾巢挖走，还以百万年薪诱惑董明珠加盟，遭到了董明珠严词拒绝。接着她受到公司的派遣到广州做营销主管，光杆司令重整旗鼓。自那以后，她越发看重同仁的忠诚度，她心中的有德之人即是忠诚之人，这样的人才适合格力。

所幸的是，格力的接班人梯队正在成长，且从未间断。董明珠的人才战略就是，留下人不是靠高薪水，而是靠营造技术人员成才的环境和舞台。因此，格力重金为员工打造了创新环境、成才平台，还建立了一整套"选、育、用、留"的人才培养体系和多通道的激励体系。公司的技术骨干、中层干部乃至高层领导，大都来自基层培养，以后的每一批管理层人才，也都会源自基层。通过这样长久地"授之以渔"的培养，大家对格力很有感情，通常都有很高的忠诚度，根本舍不得走。

2007 年，国内某空调企业的老板到珠海住了一个多月，打算从格力挖技术专家和高管，最终一无所获。这样的结果令董明珠很欣慰。不过，也不排除被动摇的人，以前有个格力高管被人挖走，后来向董明珠表示了想回来的意愿，却被董明珠婉拒了。没有忠诚度的支撑，再合作下去，迟早也会因为利益分道扬镳。

不过，仅仅靠忠诚度还不足以实现"百年企业"的目标。在确定接班人梯队之后，对他们的培养成了关键。通过不断调整年轻员工的岗位和职位，可以提升他们的各方面能力和管理素质，这对他们的心理也是一种考验，同时通过职位提升也能给他们带来精神满足，提高工作效率。人只有在不断的奋斗中才能成长，但要注意不能让人才产生一步登天的错觉，否则自满一样会腐化人的心灵。

经过多年的考量，格力总结出了一些培养人才的经验，其中，有五种人是被拒绝在接班梯队之外的——投机取巧的人、自命不凡的人、权力欲大的人、过于温驯听话的人以及"当一天和尚撞一天钟"的人。这五种人的性格上有着致命的缺陷，随着职位的升高，对权力的使用会发生偏颇，要么易刚愎自用，要么易受人摆布。将企业交到这样的人手中，无异于自毁长城。

今天的格力，人才培养主要集中在 80 后，因为他们是社会的主流。目前格力拥有近万名科研人员，平均年龄只有 29 岁。格力拥有很多年轻的项目负责人，80 后的中层干部比比皆是。董明珠希望这些年轻人能快速成长为优秀的、有责任感的管理者，但是万事开头难，要培养这些中流砥柱，从一开始吸纳进格力的时候就得充分考量。

格力有自己的一套招聘人才标准，这个标准也是将来培养人才的方向。

第一，格力的招聘信息会明确公司的招聘理念，公司的价值观、企业文化、人才标准和社会影响力，格力会将这些信息公开发布。那些不符合公司价值观的人，在一开始就会被这些标准拒之门外，即使趋之若鹜地扑上来，也会被"海选"筛下去。另一方面，那些符合格力价值观的求职者会顺理成章地被吸引过来。价值观和对企业品牌的共鸣，可以提高进入企业的人才的忠诚度。

第二，极度细致地描绘企业每个部门具体想要的人才类型，让求职者清楚地知道格力有什么，能提供什么，缺乏什么，希望得到哪些方向的人才。格力绝对不会对那些求职者应诺，能给他们带来多少优质的待遇，但会提供给人才足够的发展空间。实事求是，是一个企业的价值观，格力需要的是有针对性的吸纳充满个性的人才，而非投机者。

第三，强调价值观的对等。在面试的过程中，格力会评估求职者是否了解和认同格力的价值观。格力有自己的"实文化"价值体系，"实、信、廉、新、礼"是核心价值观，以"忠诚、友善、勤奋、进取"为企业精神，以"少说空话、多干实事"为务实的工作态度。当求职者不认同其中的某一种价值观时，或许仅仅是想谋求一份旱涝保收的工作，那么他将被格力婉拒于招聘门外。

第四，细节型人才。什么是细节型人才呢？这样的人，无关于他使用什么语言，生活在哪个国家，他们都会试图弄清一个具体领域中数目繁复的、比其他人所能想象的多得多的细节问题，尤其对于他们感兴趣的职业，他会事无巨细地关切和询问，并观察自己的不足。大多数时候，细节很难令人产生兴趣，甚至会被认为是边缘的、不热门的、从未听说过的话题，但却能引起这样的人的兴趣。格力对这样的人才，尤其是技术性的人才是渴求的，也是重点挖掘的。

第五，寻找那些未经雕琢的璞玉，挖掘真正有发展潜力的人才。有些求职者可能有一技之长，可是发展潜力不大。相比这样的人才，格力更希望得到那些有一定经验，却还没有被填满的人。就像赌一块翡翠，石皮乍一看平淡无奇，但潜在价值巨大。另外，成长经历丰富、拥有多元化背景的人才也令格力感到兴奋，这样的人可以胜任多种职位，成长的速度明显快于专一型人才，他更适合于往管理人才方面培养。

第六，不和求职者谈判。很多求职者最看重的是薪资，因此一般会就这方面以及福利问题，与面试官进行谈判。工资固然是求职者很关注的部分，但格力更希望寻找那些更重视自身发展的人才。

在吸纳人才方面设门槛，给人才足够跳起的平台，格力的百年人才梯队才能顺利建成。

不收"叛逃"者

　　在格力有个不成文的规定，从格力辞职的员工，永远不要指望再被格力接纳。董明珠的一位老朋友原本是格力的技术性人才，他的多项发明都获得过专利，多年前被竞争者挖走，之后他还想回来，可是却没有机会了。有时候，还有一些从同行企业出来的人想进格力，无论这个人多能干，原则上格力是不收的，不是说别的企业不优秀，但如果仅靠别人培养人才，这本身就是一个贪婪的行为。

　　董明珠认为，那些跳槽的人从原来企业"叛逃"的原因有很多，但大部分都是利益上的问题，比如个人愿望达不到满足。跟这样的人打交道，终究也还是利益上挂钩，这类人不能真正地用心为企业发展做事。再者，她也有自己的顾虑和担忧。在珠三角，存在许多"商业间谍"，在原公司授意下跑到别的公司待两年，将商业机密出卖或者干脆带着技术跑了，这样的事防不胜防。

　　所以格力用人标准是宁可自己培养人，也不要跳槽的人，骨干更是不用空降兵。要培养人才，一定得花大力气、大金钱。董明珠的想法是，将格力电器打造成中国制造业的黄埔军校，能为社会培养人才，这也是对社会的巨大贡献。

不过，即便是付出了再大的代价，格力也经常会被挖墙脚。2015 年的格力股东大会上，董明珠对股东们爆出沉重的事实，仅仅上半年，就有 600 多人被恶意挖走。4 月底，董明珠在珠海举行的一个会议上自曝曾把到格力挖人的团队成员给打了。此消息一出，格力及董明珠立刻遭受非议。其实，她并不是真的介意正常的人才流动，反而为格力培养了大批受业内欢迎的技术人才而自豪。真正让她生气的是有些企业的不正当竞争手段，"国家要求创新不是要你偷人"，既要来"偷人"，还要来"偷技术"，通过挖人来窃取格力的核心技术和最新研发项目，这是最可耻的行为。

除了不正当竞争的手段让她厌恶，人才的大批流失也让她很失望，甚至有些焦急，以前被挖人的速度与培养人的速度还能成正比，现在被挖人的速度已经超过了培养人的速度。格力每年投入几十个亿培养人才，就这样被挖走了，她能不焦急吗？她甚至在媒体面前说："你们要来挖人，先交学费。"以前，如何培养企业人才是个问题，现在，怎么留住人才也成了问题。

美国移动安全公司 Location Labs 的首席运营官格罗斯曼在这家公司待了 10 年，亲眼见证 Location Labs 成长为价值 2.2 亿美元的科技企业。然而，最让格罗斯曼自豪的是下面这个数据：人们加入 Location Labs 后，他们都会留下来，公司的员工留存率高达 95%。

10 年的企业员工留存率达到 95%，这几乎是不可能的，但是 Location Labs 做到了，格罗斯曼总结了两点原因：

第一，员工觉得公司有发展。

第二，员工觉得自己有发展。

让员工觉得公司有发展，首先要让员工通过合适渠道了解自己手头工作之外的整个团队和公司的情况，使员工对公司运营情况有所把握。一个公司的好与不足并不怕被员工知道，怕的是员工永远不知道企业的发展在哪里，会变得越来越好还是越来越糟糕。

虽然不少人整日沉浸在工作中，两耳不闻别人事，"干好自己的事情就好了，公司怎么样不由我操心"。但真正对公司"毫不关心"的人其实占少数，而且这样的人很可能是最早离开或被请走的角色。但凡对自己的事业有足够热情和激情的人，会对自己所在的公司非常关注。了解多少关于公司的信息，关乎他对公司的信任程度和信心。

所谓让员工通过合适的渠道了解团队和公司的情况，企业需要做到这样两点：第一，便捷，不需要员工花费太多力气去搜集和挖掘；第二，可信，不能说得天花乱坠，更不能颠倒黑白。这里要注意不要花费心思冠冕堂皇地打造企业内刊，说一些华而不实的"正能量"文字，而是要确保让员工听到准确的信息。

同时，作为领导者，需要合理调配资源，为下属的员工或团队划分任务。要让员工觉得自己的工作有意义，让他了解这份工作对团队和公司的意义，为他建立荣誉感，使他产生"工作不仅仅是赚钱"的自豪感。

领导者不能以自己的身份去控制员工，为他们设定的任务、分配的工作，如果不考虑员工的能力和情绪，那么领导就是不称职的，他更适合去管理机器，而不适合管理充满个性的人才。

在"让员工觉得自己有发展"方面，董明珠曾说，领导的控制力不是让员工听话，而是给员工自我发挥和创造的空间。许多年轻人刚刚踏入社会，走入工作岗位，"不求薪水，只求学到点东西"，目的就是为了让自己有个好的发展环境。

这要求领导者在管理团队时，要留心哪些员工是有积极发展的愿望的，哪些员工是有充分潜力的，每个员工的兴趣在什么方面，适合承担哪些方面的职责……给合适的人合适的工作、岗位、发展空间，员工可以看到自己潜力发展的方向，工作的效率和质量相应地都会提高。

另一方面，许多员工一开始的"成长期望"其实是笼统的，具体自己适合往哪个方向发展、怎样发展，并没有具体的概念，他需要一个高瞻远瞩的领导者去引导。在这方面，格力做出了很多努力：帮助员工进行职业生涯规划；结合员工自身的情况以及眼前的机遇和制约因素，帮助其确立职业目标，选择职业道路，确定教育、培训和发展计划等；协助员工为实现职业生涯目标而制定行动方向、行动时间和行动方案；等等。

有数据显示，为员工制定职业生涯计划的企业，其员工流动率仅仅为没有对企业员工进行职业规划的公司的三分之一。

更重要的是，在这个过程中，领导者和员工不断的沟通，可以使领导者了解员工关于成长的想法。至少在员工做跳槽准备时，领导者不至于陷入被动，而及时采取挽留员工的措施。如果员工关于成长的想法和当前团队的方向相差较远，从团队建设的角度考虑，可以尽早做出合适的安排。

　　无论是让员工觉得公司有发展，还是觉得自己有发展，都是格力努力的目标，除了以上措施，格力在企业文化方面的塑造也是不遗余力的。企业文化是员工在日常工作积累中沉淀下来的成文或不成文的行为准则、价值观念和思维方式。企业文化对员工的吸引力是不可小觑的，也是培养员工忠诚度的精神手段。

　　另外，我们不得不正视薪酬的问题。实话说，薪酬是决定员工去留的最重要原因之一。很多人认为，格力人才流失的根本原因是薪资太低，很显然这是在没有数据依据的前提下想当然。格力电器的平均年薪高于珠海地区的平均年薪：以2014年为例，格力电器的平均工资比珠海市整体水平多12366元，高18%；这一年的平均年薪相对于2013年增长16.55%，也跑赢珠海的薪酬基本面。

　　不仅如此，格力有非常行之有效的薪酬体制，根据职位和对企业的作用不同，企业对员工会进行相应的职位价值评估，并在企业内部建立完整的职位价值序列，根据职位价值序列进行职位的基础薪酬设计。通过薪酬设计，格力建立了一套绩效考核管理体系，员工的薪酬变动和绩效考核结果紧密相连，员工的收入和对企业的贡献挂钩，两者兼顾更具有公平性，而不是领导的一言堂，有效规避员工对于薪酬分配不均产生的心理失衡。

　　最后，也是最重要的一点，领导者对员工的信任是员工获得的最大褒奖和安慰。信任员工会让员工更加死心塌地地为企业工作。曾经的董明珠，就是在朱洪江的信任中成长起来的，所以她能给员工的，除了物质以外，最大的精神给予就是信任，这也是格力留存人才的最后一扇门。正如董明珠所说的那样："物质不是一种幸福，他要不要，你作为企业都应该给他考虑。一个国家、社会的发展需要年轻人不断地成长起来，要成为有用的人，这才是真正的幸福。我把这个基础给他打好以后，他就有了竞争力。"

所以格力培养人才，留住人才，是从物质和精神层面双管齐下，而不是画一张大饼，或者用金钱利诱。

温情管理营造归属感

现代成功学大师拿破仑·希尔曾经总结过领导者失败的 10 个原因：

1. 不能掌握公司的详细资料，因而欠缺组织能力。

2. 不愿提供琐碎的服务。"你们中最伟大的人将是大家的仆人。"这是领导者受尊重的原因。

3. 光说不干。

4. 害怕竞争。担忧下属之间的竞争，害怕自己的地位被取代。

5. 缺乏思维，不能有效制定应对紧急情况的策略。

6. 自私。

7. 不知节制。

8. 不忠实。

9. 强调领导权威。把权力当作理所应当拥有的，用压迫手段强调自己的重要性。

10. 注重头衔，工作方式拘泥于形式。

任何一种形式上的错误都可能造成失败。希尔认为，当跟随者并不可耻，但停留在一个位置上不思进取就是不光荣的。作为领导者如果本身并不具备领导素质，他带领的企业就有可能四分五裂。董明珠常说，一个企业留不住人才，十有八九是领导者没有弄清楚自己身上存在的问题，更没有弄清楚"人"对于企业的重要性。

世界最畅销的工商管理书籍《追求卓越》，被誉为企业的管理宝典，它阐释的其中一个主题是关于用人的问题，任何成功的机构都重视"人"的因素，尊称雇员为"man"（在英文当中既有"人"也有"侠"的意思），而不是物件或棋子。对于领导者而言，他仅仅是扮演着将军的角色，当他没有兵的时候，他什么也不是。所以企业要做大，管理制度的优渥固然重要，人才的培养更加是重中之重。

现代企业的管理者已经无法复制几十年前通行的"驯化"方式来掌控员工。企业对于员工而言，更应该像是充满思想交流和情感交流的家庭，在这种氛围下，员工更容易产生主人翁意识和归属感。董明珠虽然推崇刚性管理制度，但是在增强团队凝聚力方面，她认为必须得打破僵硬的管理手段，要既有严明的制度，又有温情的文化管理。所以她很推崇日本企业的温情管理方式。

在世界各国的企业当中，日本企业是人性化管理的楷模。绝大多数日企力求创造温情管理的气氛，充分地给予员工足够的尊重，满足他们被重视的渴望。日本中小企业的社长往往都是企业里最早到达公司的人，他会在门口迎接员工，对每一位员工认真地打招呼问好，并关心他们的衣着、饮食，对女性从不吝啬赞美。当员工迟到时，他们不会严厉地指责，而是询问对方是否家里出了问题，路上遇到困难。在员工结婚、生子、升职、乔迁、得奖时，会为员工送上特别的祝贺；当团队做出成绩时，除了对员工进行表扬奖励外，还要向其家人表示祝贺、致谢。

这种人性化的管理方式能很好地营造出和谐相融的"家庭式"氛围，有效提升员工的工作效率和热情。

日本企业大都经历了从经营需要"留住员工"到"为了员工的生存而经营"这个历程。员工一旦被企业录用，完善的薪酬制度和福利制度让员工产生极强的依附感，员工的利益也因此和企业的利益紧密地拴在一起。日本企业通过"态度、情感、事业"来留住它的员工，而员工则因为与公司结成命运共同体而选择终身服务于一个企业。因而在日本，很少会发生美国企业高人员流动率的情况。

董明珠看到了这种"温情管理"的重要性，她更加明白，只有对员工以心换心，让他们充分享受被尊重和被认可，他们的主人翁意识才更强，更愿意为企业、为自己去奋斗。

格力曾有一名女工入岗三个月就被查出癌症晚期，因为还在试用阶段，有人以为公司会解雇她。但董明珠不但没有解雇她，还号召员工为她捐款 20 多万元。女工的日记中这样写着："我走过很多地方，只有在格力是我最快乐的时光，我感受到比亲人还亲切的温暖。"

我们眼中的格力一直是有规范制度的企业，外表铁血，内在却从不缺温情文化。管理是刚性的，但管理之外，把为员工解决实际问题作为重要工作来抓，令员工没有后顾之忧，员工自然会给予企业最高的忠诚度。

现代企业要想确保人员低流动率，大抵只有几种做法，第一种即为员工营造家庭式办公氛围，或者说，让企业变得像社区一样。人的一生有将近三分之一的时间花在工作岗位上，办公室就是其另一个家庭，公司就是社区，在这里员工感受到自己是被周围的同事和自己的领导所重视和欣赏的，被公司关心和关注的，公司这个"社区"就具有强大的凝聚力，凝聚力则可以促使核心业务增长。格力将这种社区文化做到了极致，通过情感激励，来增加员工的归属感和忠诚度。

第二种方法是授权。公司发展初期，领导者有精力事无巨细地过问各类事务，但是当公司发展到了一定规模时，各个管理级别的划分自然就形成了，领导者的精力不足以兼顾所有事情，因此管理层、一般员工都可以适当参与管理和决策工作。

董明珠认识到除了领导层给予企业发展以策略指导外，更需要全体员工的参与，这是决策权的下放，让员工有授权作为的参与感。毕竟越是一线员工越容易发现生产、销售等环节的问题，越能提出实际解决办法。为此，格力制定了鼓励员工参与决策工作的制度，根据他们提出意见的贡献大小和价值给予奖励。

第三种方法，跟员工说清楚发展和成长机会，为他们提供实现自我的舞台。

随着企业的快速发展和员工规模的不断壮大，很多人关心自己在公司内的职业发展问题。尤其是格力在人才培养方面花费了巨额金钱和精力，衷心希望员工能在公司找到职业发展方向，将公司当成终身依靠。为此，格力根据人才的类型，有计划地展开培训和职级调配，目的就是为了给他们施展才华的舞台。让员工感受到，公司高速发展的时候，每一个员工都能随着公司一块成长和发展。

第四种方法，让员工做一些有趣的挑战性工作，以刺激他们的责任感。大部分公司的员工都是被动接受任务，通过挑战性的任务调动员工的积极性，使他们紧密围绕目标来工作，那么公司就能运行得更好，员工也会产生被委以重任感。

第五种方法，在员工开口前，主动对该奖励的员工进行奖励。作为领导者，对于表现良好的员工，不要让他担心或怀疑自己的贡献是否得到了大家的认可和肯定。格力的绩效考核制度、职位晋升制度和薪酬调节制度，都是出于这方面的考虑。在员工觉得自己有所贡献时，还没有开口要求奖励，公司就主动奖励，领导者要对他说："你的工作做得很不错，我们非常看好你。我们现在就将你的薪资进行调整，以更好地体现你为公司做的贡献。"

第六种方法，沟通反馈。所有人都想知道领导为什么做这样的决策，公司为何往这个方向发展。作为管理者，当发现决策制定后，工作却很难开展时，这往往意味着公司内部信息的透明度还存在问题。适当地通过全体员工会议、问卷调查、邮箱建议等方式，及时了解员工的想法，让员工有被当作家人的感觉。

第七种方法，最后的挽留。没有企业能完全杜绝员工离职的现象，当有些人一定要走的时候，挽留固然重要，更重要的是想办法从即将离职的员工那里获得尽可能多的反馈，不管他之前工作做得怎么样，最好都能和他进行最后一次面对面的沟通谈话。从他那里，领导者将了解到公司有哪些方面需要改善，他的任何有用信息都可能帮助领导者留住一大批人。

给员工带来归属感，归根到底，终究要回归到营造温情氛围上去，通过角色互换，增进团队间的理解和合作，让员工始终处于愉快、舒适的环境中工作，他们的心理得到满足，心之所向就是企业的发展。

主人翁意识形成：精神与经济共同刺激

董明珠担任格力经营部部长时，有个员工负责做计划、开票。可以说这个人权力比较大，平时表现得不规矩，在经营部产生了不好的影响。董明珠盯了他很久，以防他做出损害公司的事情。果然，不久这名员工有几百万的货发出去却对不上。董明珠以铁的证据在全公司内通报批评了他，不但降了他的职位，还降了他的工资。

这个员工是副总家里的关系，副总挨不住家人的央求，想保住这个人，董明珠却没给面子，她直率地说："坦白讲，从我个人的角度考虑，大家是同事，我完全可以视而不见，做一个'老好人'。但是，从企业的角度考虑，我必须处理他，因为这不光关系到他的个人问题，还牵扯到您的形象。"话虽如此说，董明珠真正想的是，把这个人处理了，会让经营部所有的人心中警惕起来，间接约束大家按照规章制度办事。

早年在格力之所以会经常发生类似的事情，董明珠总觉得是员工们没有身为格力人的自觉，他们只觉得是打工来了、混饭吃来了，所以往往为了自己的利益或者干脆不考虑公司利益而做事，极度缺乏主人翁意识。

　　其实不少企业都面临这样的问题，员工们内心会有这样的想法：公司是老板的，又不是我的，我为什么要以主人翁的姿态自居？公司的规模越大，员工越难产生主人翁意识，反而是很多初创公司的员工更倾向于把企业看成是自己为之奋斗的事业。原因在于，他参与了最辛苦的初创阶段，像父母看着孩子一样，看到了公司的成长，所以他有强烈的拥有感和归属感。但是大公司的员工不然，他们虽然进入了公司，可是没有参与奋斗过程，理所当然地接受现成的培养，出卖劳力换取薪酬，因而很难产生主人翁意识。

　　那是不是意味着，企业到达一定规模，主人翁意识就不需要抵达下层员工的内心呢？当然不是这样。董明珠觉得，员工的主人翁意识直接决定企业的竞争力，它不单关涉领导和管理层，下属各层级格力人都应该有这样的想法。如果人人都有主人翁意识，把公司的事情当作自己的事情来做，所耗心力绝不仅仅是为了得到薪酬，而是为充分发挥自己的创造力，那么公司的潜力会变得无可限量。

　　培养员工的主人翁意识，说难不难，说易不易。让员工产生归属感首先来自于待遇的提升。对于待遇问题，这是大多数人觉得比较敏感的问题，宣之于口感到不好意思，不说又怕得不到保障。衣食住行是人生存最基本的需求，生活用品、房子、车辆都需要金钱去购买，金钱的主要来源就是人们的工作报酬。在满足员工的基本生活需求之上增加的福利待遇，是留住人才、吸引人才的核心。

　　一些企业采取股权激励手段，曾取得很好的效果。华为公司的股权激励和薪酬体系一度为人所称道。在华为流行一句话："三年一小坎，五年一大坎。"意思是入职华为三年内大部分靠工资，三年后奖金逐步可观，五年后分红逐步可观。因而华为人敢说："奋斗越久越划算，工资变成零花钱。"

在华为，"恐怖"的股票分红 + 升值、可观的奖金令很多企业员工艳羡万分。以一个在华为工作 15 年、某地区销售副总裁（职级 22 级）的薪酬体系为例，他的工资税前约为 8.2 万元，出差补助约为 43 万元，奖金税后为 46 万元，分红税后约为 307 万元。从一系列鲜红的数据来看，工资仅仅是收入的九牛之一毛，当然只能被称作"零花钱"了。

薪酬待遇的优渥的确会给一些员工带来归属感，但当有更高的利益诱惑时，主人翁意识很可能会被动摇。所以董明珠才越发感到在其他方面着手的迫切性。比起高薪诱惑，许多人更重视自己在企业中的位置、个人价值的体现以及自己未来价值的提升和发展。个人价值主要包括技术能力、业务能力、管理能力、基本素质等。为员工提供提升以上能力的服务，是企业魅力所在，是吸引人才的手段。

提升员工的主人翁意识，最好从精神上、经济上同时加以刺激。当员工认为自己的工作在整个工作的环节中是必不可少的，非他不可的时候，他的重要性顿时凸现出来，工作积极性也会被迅速调动起来，更加投入地展开工作；同时，让他的经济利益与公司利润共享、风险共担，或建立奖惩制度，或通过股权分配激励。股权激励的背后，存在着个人与个人、个人与公司各方利益之间的诸多博弈，在博弈背后，它的最终目标是统一利益，因此当员工和公司的利益被统一之后，员工的主人翁意识会不自觉升上来。这借鉴的是初创公司建立主人翁意识的好办法，但是要注意风险控制，不能让员工产生可以同富贵，不能共患难的心态，要使风险和收入相互匹配。

在格力，每个员工都可以参与到管理中，既提升了他们的管理能力，促进工作的进行，又使他们产生自己可以参与决策的感觉，极大地增加了员工对格力的归属感。格力给每个员工的机会都是均等的，不论员工的位置高低，在竞聘还是考核方面，都能处于公开、公正、公平的环境。除了机会均等，要遵守的规章制度也是统一的。每个人都要照公司的规章制度办事，从总裁到基层员工一视同仁，它从根本上杜绝搞特权的情况，令员工产生心理平衡感。

除此之外，激发"团队协作意识"能让员工拧成一股绳，不会轻易放弃他的团队。团队协作意识是个很难量化的标准，所以领导者可以敲打一下自己的员工："大家是否为了能在最后期限之前完成任务而在一大早就投入工作中？在工作时间之外，是否愿意和你的团队待在一起？"当答案是肯定的，员工就把团队当成了家。

外国有一些公司在企业内部设立了"斯巴达盾牌奖"。一位总裁说："我自己并非军事专家，但据我了解，斯巴达盾牌是一个面积很大的盾，这面盾其实并不是为了保护持盾者，而是保护站在持盾者两边的人。大家站在一起组成一个密集的方阵集体作战，相互保护，而不是单独作战。这样就有了 1+1 > 2 的效果。每个人都需要依靠站在自己旁边的人的盾牌的保护，你保护的也是身边的人的安全。"

这个奖励其实是奖给那些愿意帮助别人的人，获奖者通常是那些利用自己业余时间积极主动帮助其他项目团队的人，这些工作其实并非他们自己的分内工作。愿意把自己的时间和体力分享出来，他就该得到奖励，得到尊重，得到大家的认可。领导者可以多制造员工们团队协作的环境，让他们充满对工作、对团队的激情，他们的主人翁意识很容易被激发出来。

除了通过管理上的刺激，尊重员工的小爱好，给他们提供发挥特长的机会，也可以让他们产生主人翁意识：擅长搞科研的去搞科研，擅长管理的挖掘他们的管理能力，擅长交际的挖掘他们对外工作的能力。把每个人的积极性调动起来，使他们成为一个互相配合的团队，他们会认为自己不可或缺。

董明珠希望格力每个员工都能建立起主人翁意识，其目的是为了把公司的利益拉到一个众人共同仰望的高度，她不是要求员工对企业的无私奉献，而是希望把公司和员工打造成利益共同体，共同寻求发展。在她看来，韩国、日本的经济比国内发达，其企业成规模的远多于中国，是因为企业的员工把企业当成自己的家来爱护，并不认为自己为公司多做事就是损失，相反为能给公司多做贡献而高兴。他们认为，只有"大家"好了，自己的小家才会跟着变好。

众多的管理专家和企业都在探讨，企业的核心竞争力是什么？技术？产品？管理方法？经营渠道？还是企业文化？董明珠认为最核心的东西，是一种精神，是公司利益高于一切的大局精神。技术落后可以学习，产品质量不过关可以改进，销售渠道不完善可以建立，管理方法有缺憾可以引进、创新和补充，唯独为公司付出的精神，是最难形成的，也是企业核心竞争力的精神层面。她由衷希望，当格力人选择舍掉自身利益的时候，能发现更大的属于他们的舞台。

第六章
将单纯的信念贯穿于工作

越是单纯的东西，越是需要付出百倍的努力去捍卫它，把一种单纯的信念贯穿于生活之中，往往需要付出并不简单的代价。

一个原则：“简单”

《中国经营报》的记者们走入格力总部，开始了他们的采访任务。采访的第一站就是格力办公大楼一层刚刚重新装修的格力展厅，公司特别安排了讲解员给记者们介绍格力的历年产品及其更新换代。谁知道，讲解开始不到 5 分钟，她实在不满意讲解员“程式化讲解”，董明珠竟然走上台，亲自上阵，开始了对格力空调的侃侃之谈。

她如数家珍地向记者们介绍每一件产品的技术特点和研发过程，一点儿也不像传说中的“营销女王”，反而更像一个专业的技术人员。很久以前董明珠就对记者们说过：“我要是搞技术，一定是一个非常棒的技术人员，我对技术有一种天然的热爱。”如今看来，她像比技术员更懂技术了。

与董明珠谈得越多，越能从她的身上感受到除了“铁娘子”的硬朗之外，对工作发自内心的单纯执着，有人管这个叫“初心”，董明珠却为它命名为“简单”。

她把这种追求“简单”的风格带到了格力，给格力人灌输了“简单”意识。其实，愈是简单的东西，愈是需要人们付出百倍甚至更多的努力去捍卫它，把一种单纯的信念贯穿于生活中往往需要付出并不简单的代价，更何况是付诸工作当中，简单的是信念，不简单的是为信念而付出的代价。

董明珠的"简单"来自内心的坚定信仰——一个人或者一个企业存在的最大价值就是为更多的人创造价值。围绕这种信念，董明珠用"简单"来经营着格力。

走入商圈的人都知道，企业的品牌形象是社会公众在与企业接触交互过程中，通过企业的各种标志而建立起来的对企业的总体形象，是企业在市场立足的根本，董明珠给格力的品牌形象塑造的观念就是"优质商品，简单营销"。

无论从产品的技术研发、广告宣传、渠道销售还是售后服务，她都把"简单主义"发挥得淋漓尽致。

在碎片化时代，内容的极简主义可以帮助用户节省时间，形成产品的黏性，有利于产品品牌的打造。

有人把产品的复杂化看作是对产品的进化，其实是对商业化的妥协，但这也同样是个陷阱，因为越是复杂化的东西，越不容易操作，所以用户会慢慢倾向于选择更简单的产品。这也是董明珠为什么一直强调，把用户变成傻瓜，只要几个键，就能实现格力空调所有的功能，得到最好的体验。

于是，一个商业真理似的预言出现了：内容的极简主义是以内容创造者的极简主义为基础的。一个商业领袖拥有"简单"的思想，它的产品越能贴近用户的感性。格力电器就是在保障产品质量和性能的基础上，将"简约实用"的产品形象带给了受众。

简约的产品设计理念

有句话说得好，简约而不简单。格力的"简单"其实是简约。一直以来，格力的产品始终以制冷制热、空气置换为基本功能，不附加复杂却不实用的功能，以保证成本优势。在空调核心电控方面采用统一高标配，空调外表虽变，内里的核心功能电控机件不变，方便产品质量维护和售后维修。

格力甚至考虑将产品进一步精简成一体化。我们常见的空调附件箱都在室外，占地方、沉重、易受损这些都成了售后维修的麻烦点。因此格力空调准备研发将附件箱取消，把附件放入室内机包装箱中，令产品完整地变成室内电器。许多业内人士认为这是没必要的研究领域，吃力不讨好，董明珠却觉得这是环保和降低成本的新领域，值得一试。

简单的管理观念

企业的运营越复杂化，上下级的壁垒越多，就不容易把各种策略从始至终贯彻下去。所以董明珠贯彻的是集约高效的管理思想和模式，以效果和效率为出发点，最大限度减少对资源的浪费，让企业管理者和员工的工作简单化、清晰化、条理化，以最直接有效的方式解决问题。

简单的宣传策略

1995 年，格力的广告标语叫作"格力电器，创造良机"。1997 年，"好空调，格力造"这句广告语问世。2011 年，为契合社会的需求，"让天空更蓝，大地更绿"成了格力第三阶段的广告语。

格力电器的招牌广告语每一次都是短短几个字，却强调了自己的市场地位，造就了格力空调卓越品质和简单时尚的强势品牌形象。复杂繁多的广告形式和广告词，往往让观众找不到重点，消费者摸不着头脑。许多广告看上去浮夸，却是缺乏创意，而真正让人记忆犹新的广告词，往往是"少即多"。比如麦当劳的一句广告词"有 wifi，有薯条"，一个品牌牙线的广告"让食物无处可藏"。一语中的，品牌形象鲜明。格力在广告词的打造上，没用天花乱坠的词语来形容空调的好处，而是直接让人体会好空调，格力出品的企业自信。

简单的营销策略

格力的"股份制区域性销售公司模式"是为空调销售专门建立的简单模式，这种模式独具匠心，市场优势显而易见。它使格力电器本身能够专心于生产环节，将销售环节的拓展成本、运输成本和经营成本重担大部分放在了地方的股份制销售公司，为技术升级提供单纯环境。

简约的售后服务理念

空调的售后服务主要集中在 3 个问题：通用性、配件的更换与安装、维修结算速度。随着空调技术不断升级，让格力从始至终有信心贯彻一个理念，即售前、售中消灭售后隐患。2006 年，格力提出 6 亿元免费服务，到了 2012 年提出"2 年免费包换"。

2015 年，格力制定了更高的目标——"到 2016 年，要做到产品 10 年免费包换，连修都不给你修"。

敢放话"10 年免费包换"，外人都觉得董明珠太霸气了，也太绝对了。这却是董明珠对企业产品充满信心之言。

董明珠在一次演讲中，自己给格力总结了一套"简单"法则：目标"简单"——好空调，格力造，"打造百年企业，创立国际品牌"；管理"简单"——机构扁平化；"宣传简单"——不搞炒作，频繁出现在消费者眼前的只有六个字"好空调，格力造"；营销"简单"——厂商分工；服务"简单"——质量好，8 年不维修。

这段话几乎囊括了格力经营的各个领域，也是她对格力经营理念的一种总结。在投资界有句话说得好：如果你可以用简单直接的方式投资获利，就不要用复杂费力的方式去投资。佛学界也很推崇"简单之心"，认为人心并没有那么多负累与机巧，只因为在社会里浸染太久，染上了不属于自己的色彩。所谓明心见性，明心，就是要抖落不纯的色彩，洗净铅华，寻回最本真的自己；见性，就是要在无明的迷惘中收回向外求索的目光，转回自身，彻悟内心最深处未被污染的本性。道理玄之又玄，却又通俗易懂，就是对人处事单纯一点儿、专注一点儿。诚如读书"从薄读到厚，从厚读到薄"，做企业也好，做事情也好，当从简单做大做强之后，回归简单的理念，这种归一才越发的不简单。

"中国创造"不能阵亡

美国财经有线电视卫星新闻台 CNBC 在 2013 年报道了一则令中国制造业产生极大危机感的消息：著名信息咨询公司艾睿铂的最新报告估计，到 2015 年把制造业外包给中国的成本与美国本土生产成本相当，中国再也不是制造商寻求最低运营成本的目标。

艾睿铂执行董事斯蒂芬·穆尔说："中国制造业的成本优势这几年显著萎缩，回到 2005 年，来自中国的上岸成本普遍比美国制造低 25%—30%。根据我们的分析，目前三分之二的差距已消失。"当国人还沉浸在廉价的制造业成本能使中国始终成为世界工厂时，这种优势早已悄然远去，而它的远去也是必然的过程。尤其是在德国提出了工业 4.0 时代时，"中国制造"在机械、电气和信息自动化等领域均落后于世界平均水平的结果，显然是令人尴尬的。

在可预见的未来，智能工厂、智能生产、智能物流将会成为工业 4.0 时代的三大主题，并由此衍生出自动化、3D 打印、无线射频技术、工业以太网等数以千亿计的制造产业链。可是中国在面临这些技术跃进时，却严重地匮乏技术性人才，也缺乏相应的体制创新。"中国制造"想要进入工业 4.0 时代，正应了董明珠极力呼吁的一句话："中国制造"必须要向"中国创造"挺进。

过去的中国被称为制造业大国，但绝对不是创造业大国。而成为制造业大国也是基于庞大的人口基数和廉价劳动力。终其根本，还是因为我们缺乏自主创新能力，主要原因在于三点：

第一，一些企业急功近利，急于求成，不愿潜心钻研技术，依靠进口机器和技术而成为专业的加工厂。

第二，耐不住制造业的艰辛，在短期利益诱惑下依靠仿制来实现营收。

第三，相关出口政策没有对自主品牌和贴牌出口产品形成差异扶持，导致国内产品的市场竞争力下降。当然，这种政策扶持只是权宜之计，重要的还是依靠自主品牌的创新程度。

"中国制造"的这些困窘，实际上叫董明珠也尝尽了苦头。20 世纪 90 年代中期，日本凭着多联系统控制技术的成功研发打破了美国在中央空调领域的统治地位，这也是日本企业死守的"最后技术壁垒"。2001 年，董明珠本打算花 5 亿元购买日本多联中央空调技术，几轮谈判下来却未能如愿。这件事给她造成了很大的触动，让她深刻体会到"不由自主""被人拿捏"的滋味。

"没有条件，创造条件也要上。"董明珠一发狠，带领格力人在没有任何图纸、只有一本产品使用说明书的情况下，投入钻研，不到两年时间终于攻克技术难题，研制出多联式中央空调技术，打破了日本企业的垄断。从此，"一个没有创新的企业是一个没有灵魂的企业；一个没有核心技术的企业是没有脊梁的企业；一个没有脊梁的人永远站不起来"这句标语旗帜飘满了格力的每个角落。

"技术创新"成了董明珠每天必强调的词，几乎把格力人的耳朵念出了老茧。从"中国制造"到"中国创造"，最终要体现在技术突破上，如果没有技术突破，还是像过去一样依赖于别人的技术，或者是模仿，甚至简单地买一些核心部件回来自己组装，就不能实现真正的"创造"。一个企业要生存必须要有研发，否则就会在竞争中被淘汰出局。董明珠就是想要"创造"的意识深入格力人的骨髓，让大家形成条件反射般的自主意识。

终于，在2010年格力空调的一则广告里，成龙念出了"格力，掌握核心科技，成为世界名牌"的广告词，这句广告词喊出了董明珠的心声。在她的构想中，中国的制造业不该沉浸在"制造"的漩涡里，要向世界宣告，"中国创造"一样能崛起。

当她想到很多国家都有自己的"创造符号"，例如，提到三星，别人会想到韩国；提到索尼，会想到日本；提到微软、苹果，会想到美国。董明珠设想着有一天，别人提到格力时，想到的就是中国。"要想得到全世界的消费者认可，那么你的产品必须是有自主知识产权。其实，消费者满意就是格力的企业标准，我们苛刻地要求我们的产品满足任何一个国家的标准。我想让全世界的人知道，'中国制造'就是'中国创造'。"

格力坚持创新驱动。提出研发经费"按需投入、不设上限"，仅2018年研发投入就达到72.68亿元。经过长期沉淀积累，目前申请国内专利65485项，其中发明专利32369项，国际专利2099项，在2018年国家知识产权局排行榜中，格力电器排名全国第六，家电行业第一。现拥有28项"国际领先"技术，获得国家科技进步奖 2 项、国家技术发明奖 2 项，中国专利奖金奖 4 项。据日经社统计发布，2018 年，格力家用空调全球市场占有率达 20.6%。

董明珠曾写过一份《中国创造之路倡议书》，指出"自主创新"是"中国创造"的基石，在知识产权应用、保护与提升中，切实提高科技创新能力，追求环保、节能、低碳的主题，让中国人实实在在享受"中国创造"的发展成果。

从"制造"到"创造"仅一字之差，但两者给国家和企业带来的价值却不同。"中国制造"世界闻名，但是时间和现实告诉我们，这种优势已经丧失了；但"中国创造"还没有紧跟着崛起，格力希望能扛起这个大旗，先行一步。

董明珠的呼吁当然不是空谈，创新也不是一个单纯的口号，这从格力每年申请的专利项目就能看出。在她的眼里，一个只为了盈利的企业最多只能称之为做生意，是不能被称之为企业的，真正的企业是要以打造百年企业为目标进行创新，创新也不能局限在技术创新，还包括了人才、制度、管理的创新。她很推崇乔布斯的苹果公司，希望格力电器也能像苹果一样，打造出属于自己的特殊品牌，给人以新的感受。

如何打造特殊品牌呢？需要的就是不断升级，在管理、生产自动化和技术上面突破再升级。一流的管理造就一流的人才，一流的人才生产一流的产品。所以，在做技术创新之前，先不断优化管理制度。优化管理制度是一个循序渐进的过程：

什么是企业的核心竞争力？如何提高自己的核心竞争力？

如何提升自己在行业中的市场份额？如何进行战略经营？

如何培养一个优秀的团队？

如何有效地规避团队中的风险，正确处理企业突发的危机？

如何提升员工的执行力？

如何培养员工的敬业精神，树立主人翁意识？

人力资源管理有什么实用体系或实战方案？

有没有行之有效绩效管理系统，对员工进行的绩效考核？

有没有更好的福利待遇体系，让公司吸引更多人才？

企业运营管理最核心的是什么？有没有可以直接借鉴的方案？

如何树立企业的品牌，将企业打造成世界级规模？

每一天，每一刻，甚至连做梦，董明珠都在思考这些问题，并寻找答案。

这些管理制度的优化和升级，非一朝一夕能完成，但格力每一天都在转变。

这些年，董明珠觉得自身没什么变化，工作照旧。但企业发生了变化，格力的核心竞争力是人才，从管理人才、销售人才到技术人才，是这些人给格力带去了生命力。如今格力的产品设计已经彻底摆脱过去被动的思维，更多地化为主动，给消费者带去越来越多的福音。

格力始终坚持技术升级、提高人均效益，提高员工待遇，看上去逆着时代而走，却是董明珠鲤鱼跃龙门的筹备。只要坚持不断地在技术上革新，市场空间就会被不断挖掘出来，"中国创造"也就没有天花板。

海外扩张：有所为有所不为

纵观全球家电行业的竞争态势，尽管格力电器仅仅用了十几年即后来居上，超越了国内外强大的竞争对手，并且在空调制冷领域摘得了世界冠军的桂冠，可是董明珠并没有放松警惕，这主要是中国家电行业在世界家电业的地位带来的担忧。

中国的家电业在国际上其实是很尴尬的，它被定位在中档水平，但实际上却被当作中低档产品走入许多家电生产大国。由于国内的产品在国外的市场营销能力差，商标缺乏知名度，产品技术含量较低，所以依靠廉价赚来的名声，终究落于了下乘。

其次，中国的生产线大多靠引进发达国家淘汰的技术发展起来，所以部分出口家电在国内或许有市场，拿到国外就没有竞争力。随着近年国内的家电商品需求趋于饱和，部分企业技术水平落后于市场需求，更妄论跟上日本和欧美国家的技术水平。

这些现状有目共睹，所以董明珠一直跟格力人说，强大的技术支持才能形成独一无二的竞争力，格力的国际化道路才能占据主动，走出与国内其他家电企业不一样的国际化道路。许多家电企业走出去或许有较强的市场竞争力，可是却停留在中低档家电市场，要在国际舞台上发出足够响亮的声音，唯有绝对领先的科技能拿到话语权。

回想研究离心机的日子和在国际化路上吃的亏，董明珠深深地意识到，想成为世界名牌，不是一些华而不实的广告决定的，更多的还是技术领先。格力的很多专利都是自己研发的，从家用到商用空调全部都是靠自己。没有什么先进技术能难住格力，但并不能因为做得到就感到满足，还要对自己提出更高、更苛刻的要求，在越发激烈的国际竞争环境抢到领先位置。

在 2008 年，一场惊心动魄的全球空调品牌竞争在南非展开。时值南非世界杯馆场各类设备招标，空调设备面向全球空调制造企业公开招标，其竞标环境和激烈程度不亚于即将开始的足球比赛。格力开始了与世界空调巨头最直接的对决，其中不乏日本大金、美国开利等国际制冷巨头，尤其是日本大金曾与格力有过技术上的合作，对彼此的了解更加透彻。

这场对决最终以格力成功夺标而告终。这场漂亮的胜仗仰赖于格力产品的品质和服务质量，也给同行的国际化道路提了醒：从国内市场走到国际市场，走出国门仅仅是国际化的第一步，而这个过程也是一个循序渐进的过程。

国内企业向海外扩张，可以从文化背景相似或意识形态相似或发展水平相似的国家开始，逐步实现全球化供应链布局。不能妄想一口吃个胖子，直接进入发达国家拓展市场，只会暴露其短。另外，走国际化道路，产品要做出差异性，即有自己的产品文化特色，发挥自己专长，专注于自己具有竞争力的方面。

国际化经营是赢得世界市场的过程，并非一蹴而就，而要在技术创新、销售模式、战略布局方面均一一斟酌。即使格力开始了全球化的布局，也仅仅说明格力进入国际市场，还不能说是世界一流的企业。想成为国际一流品牌，董明珠给格力做了一个系统的规划。

第一步，建立国际化经营管理体制，按照国际化标准改善企业内部组织体系和管理体系，打造集团化经营能力，通过内部培养和外部引进机制，积累国际业务经验，提升公司的全球化产业经营能力。用最浅显的语言来说，就是要提高企业在国外的市场营销能力，掌握营销主动权，而非依靠代理平台。

第二步，整合和建设全球化的研发体系，达到全球研发资源共享，提升全球研发的协同效应。这是格力每年投入大量科研资金的因由之一，从十几亿到40亿、50亿、60亿，每年的巨额投资都在为全球化研发体系做铺垫。

第三步，布局具有竞争力的全球供应链体系，利用格力在速度、效率、成本控制方面的优势，通过采购、制造和物流的整体配置，缩短企业产品生产销售周期，提高运转效率，保持成本优势。这是充分利用企业竞争战略中的总成本领先战略，也是格力目前最行之有效的方法。

第四步，缩减低端产品出口，打造高端产品，提高产品的技术价值和品牌价值，通过产品核心科技和优质的外包装设计，与国际一流企业产品一较长短，扩大商标知名度和品牌影响力。

对格力而言，国际化才刚刚起步，怎么保持企业的持久国际竞争力，更是个艰难的过程。从2008年北京奥运会到2009年广州亚运会，再到2010年南非世界杯，格力空调成功中标成为馆场核心制冷设备，令格力找到了一些国际化的线索。

借助国际赛事，格力的技术、服务、品牌会随着参赛人员走向全球，这不失为一个打国际广告的好机会，也用事实向世界证明，格力品牌既能成为服务国际重大赛事的主力军，也能走进全球的千家万户。

不过，格力的海外扩张之路还是抱着"有所为有所不为"的态度。从业务范围上看，它专注的是空调领域，而没有选择多元化战略，这是集中优势的表现。无论是在中国、美国，还是巴西、墨西哥等国家，格力都坚持这一原则。因为专攻空调研发，新品层出不穷，足以应付不同国家的消费习惯，这也是它专业化的姿态，专业化战略为其赢得巨大的国际市场空间。

其次，格力坚持不打大量广告、不并购的态度。美国、土耳其等国的诸多空调企业向格力抛出橄榄枝，试图收购，都被格力婉拒。格力坚持自主对新市场进行把控，这使得它在海外市场保持平稳、理性的发展，专心为品牌知名度积蓄力量。

任何事物的影响力，来自一步一个台阶的累计，格力的海外扩张之路任重道远，可是在脚踏实地的发展策略下，迎来的是厚积薄发。

成为行业独角兽的秘诀

西方神话的独角兽形如白马，额前有一个螺旋角，代表高贵、高傲和纯洁。第一次把这个词汇引入到风投行业的是美国著名 CowboyVenture 投资人 Aileen Lee，她将私募和公开市场的估值超过 10 亿美元的创业公司做出分类，并将这些公司称为"独角兽"。如果单从市值的角度而言，格力电器的千亿账面流水足以令它晋升为"独角兽公司"的行列，而它的企业发展状态令它有足够的实力保持"独角兽公司"的姿态，这一切源于格力的核心竞争力。

一家企业的核心竞争力是难以复制的，它是一个从市场的角度出发形成的概念，是实实在在的质的东西。判断企业是不是有核心竞争力，全球几乎都在用以下指标：

第一，延展性。企业核心竞争力可有力支持企业向更有生命力的新事业领域延伸。企业核心竞争力是一种基础性的能力，是一个坚实的"平台"，是企业其他各种能力的统领。企业核心竞争力的延展性保证了企业可以进行多元化发展战略。

第二，价值性。核心竞争力富有战略价值，它能为顾客带来长期性的关键性利益，为企业创造长期性的竞争主动权，为企业创造超过同行业平均利润水平的超值利润。

第三，独特性。企业核心竞争力为企业独自拥有。它是在企业发展过程中长期培育和积淀而成的，孕育于企业文化，深深融合于企业内质之中，为该企业员工所共同拥有，难以被其他企业所模仿和替代。

总结而言，核心竞争力的基本要素包括企业的技术、营销、品牌、协调管理能力及企业文化等方面的竞争力。可以说，企业的核心竞争力就集中在这么几个领域：技术创新、市场营销、资源优势、组织管理和企业文化。

一个企业拥有短时间内难以超越的、独特的、在市场竞争中表现明显的优势，是企业在初期成为"独角兽公司"的原因，可是能不能保持"高贵的血统"，还得看企业未来的努力。为了加强竞争优势，除了自然形成的垄断外（靠非复制资源起家的企业），企业为此付出的代价，是保持其核心竞争力的关键。格力空调在空调行业当了20年大王，它的核心竞争力非常明显。

如果说格力电器没有竞争对手，简直是天方夜谭，连一般人都可以对它的对手如数家珍：国内有美的、海尔、奥克斯、海信、科隆、长虹、春兰等，合资品牌有松下、三菱、大金、LG、三星等。面对如狼似虎的对手，格力本就在多元化发展的路上慢了半拍，可是依然拥有强悍的核心竞争力，主要有两个方面：技术创新与升级，强大的自营平台。

董明珠虽然总在媒体面前提起格力的技术创新，听上去旧调重弹，又像是打官腔，可是格力在技术方面的巨额投资，却总是叫对手望尘莫及，也叫媒体咂舌不敢妄言。很多年前，董明珠走进人民大会堂，那时候她暗暗地发过誓，有朝一日，一定会让这里用上格力空调。接下来的10年，格力精心研究技术、精心培养人才、精心设计百年企业发展的战略，终于靠自己的实力走进了人民大会堂。

在技术升级方面，董明珠不敢懈怠，甚至在科研投入方面不设上限。她认为，"中国制造"要崛起，企业一定要舍得在科研上投入。格力近年来每年科研投入经费均超过40亿元，2014年超过50亿元，在家电行业内最高。"如果要做成事，就必须要做好有所牺牲的准备，而自己所做的牺牲仅仅是暂时失去一个局部，但却得到了一个整体。"董明珠的眼中，无论花了多少钱，在技术创新和升级方面都不过分。

技术创新与升级，就是给消费者带去更好的产品体验，产品体验好，企业就能时时刻刻保持市场领先地位。像全球知名科技企业谷歌，它的核心竞争力源于它的搜索引擎，行内人称之为"计算"。

搜索引擎在业内人的眼中就是一种网络爬虫技术，也叫作Spider，是一种计算机程序，给它一个起始页面，它就在这个页面上搜索链接，并尝试去读取这个链接的页面，周而复始这个操作，理论上它就可以访问到所有互联网上的页面，并将这些页面索引记录。

互联网上的页面数据庞大，每天都有数以亿计的更新，因此谷歌需要部署大量的服务器作为网络爬虫栖息的地方。把数量巨大用以运维的服务器成本降至行内最低程度，就是谷歌的企业核心竞争力，这种手段就是"云计算"。

云计算是基于互联网的相关服务的增加、使用和交付模式，通常涉及通过互联网来提供动态易扩展且经常是虚拟化的资源。它是个很难理解的概念，却通过资源扩展大幅度降低了谷歌的运营成本，这就是科技升级给谷歌带来的竞争力。

除了技术创新与升级，在市场营销方面格力有着绝对的竞争力。以今时今日的目光，格力近2万个地面专卖店似乎成了累赘，线上平台的崛起也让地面营销处在了尴尬的位置，国美、苏宁这种家电商场的顾客都寥寥无几，更不要谈门可罗雀的电器专营店。但是，一些财经人士却对此持保留态度。

据不完全统计，在全球的"独角兽"企业中，约有75%运用了平台模式，在中国，这个比例高达90%。平台模式可以简单地理解为依靠互联网平台或代理商平台实现企业营销。这种方式可以帮助企业快速成长，可是有个致命缺陷，越到后面，越受到平台制约。平台模式中的代理商和生产商之间是合同关系，没有雇佣关系，生产商对代理商的教导是无用的，即便把所有的服务标准都谈清楚，成本非常高，执行也会非常难。尤其是长期合作过程，两者之间越密不可分，生产商越发受代理商制约，无形中增加了生产商的谈判成本。

但自营平台却不尽然，自营能有效构建企业壁垒，提升竞争力。企业的核心竞争力很大一份来源于自营体系，就格力电器而言，既包括了线下庞大的自营体系——专营店、股份制区域性销售公司等，还有线上的自营平台。格力的所有创新依托它的自营体系，既把握了生产环节，又把握了销售环节和服务环节，就使它能不受代理平台的桎梏，顺利实现利润循环。

　　随着企业越做越大，分工也越来越细，事无巨细做到完美是不可能的，这就需要分清主次，把关乎未来发展的壁垒、核心的部分做深做好。

现代工业精神：开放、分享、责任

回顾欧美工业化发展历程，不难发现，实干创新、合作意识、契约精神、效率观念、质量意识都是在这一时期建立起来的。后来，有人将这些经验总结出来，视之为"工业精神"，它提倡的是少说空话、多做实事，全心全意关注消费者需求，主动承担社会责任，用企业的力量来推动社会发展，而这些，正是董明珠心中真正的"工业精神"，或者可以说，它是一种以"吃亏"换社会财富的牺牲精神。

"吃亏是福"是中国的古德，尤其是佛学界很推崇这个道理。修行的人讲，修行的第一步就是学会"能吃亏，肯上当"。但吃亏上当而绝不糊涂，就是真实智慧，是人的德行。做人多点"吃亏是福"的想法，生活多一点付出，收获的就是多一点幸福感；工作上多付出一点儿时间精力和劳动，收获的是物质和精神回报；做事业多点吃亏精神，对社会、对公众负责，收获的是行业、产业的健康发展和良性循环。

近些年，倡导"商业精神"的美国也开始返璞归真，推进"再工业化"的新战略，即"回归"战略，重回实体经济，使工业投资在国内集中，避免出现产业结构空洞化。

工业精神重视理性、重视事业、重视科学、重视创新，提倡双赢和合理谋利。当这种诉求再次被提起的时候，说明社会精神体系急需要它的回归，它既对个人有利，又对社会有利。

制造业原属于工业体系，但随着现代商业精神的影响，制造业企业几乎抛弃了工业精神，完全沉浸在商业运作模式中。与工业精神不同的是，商业精神是绝对追逐利益的，当然它也提倡敬业、诚信、节俭，但是在"利益第一"的观念导向下，商业精神已经被歪曲甚至是偏狭化了。

董明珠对现代的商业环境有很多想法：由于我们的社会缺少商业伦理的监督，加上整个社会精神和社会责任的缺失，人们对金钱的追逐已经放大到了极点，成了现代企业行为的主宰。这一点在零售业和制造业尤其明显。众多案例表明，凡是以商业精神来指导行为的，无论是零售企业、制造业，都无法成为真正的赢家。

面对制造业如此商业化的现状，董明珠感到很担忧甚至是抵触。在格力内部，她不断地强调，格力要做大，工业精神是必不可少的，如果这个坚持不下去，格力会成为被利益驱使的机器。一味地追求商业利益，很容易使团队变得怠惰。企业为了赚钱，喜欢抄近道、走捷径，往往忽视产品的研发，最后被磨灭的就是创新精神。企业总想在短时间捞取暴利，长此以往技术就跟不上市场需求。

短期来看，仰赖商业精神的企业可能会突然壮大，可是却缺乏长期效益。提倡工业精神的企业，损失的虽然是短期利益，但企业耐得住寂寞，投入巨资潜心研发，技术革新不断，产品常出常新，害怕没有"长治久安"吗？所以从长远看，坚持工业精神是值得的。

在董明珠的心目中，"真正的工业者必定是'工业精神'的实践者，有理想、有抱负、有社会责任感，愿意为长期价值放弃眼前利益。真正的工业者会把推动社会进步作为自己事业的核心，而非简单地获取利润。中国要发展，需要的就是这种真正的工业者和他们的'工业精神'。他们要获得利润，但并不仅仅为了获得利润。他们的利润是自主创新而实现的核心技术发展带来的。我自认不是一个聪明的人，只是一味朝着认定的方向前进"。

对董明珠而言，工业精神是她和格力要一直践行下去的道路。一项事业是否有生命力，不在于它赚了多少钱，而在于它实现了多少社会价值，是不是能给社会的进步以推动力。格力不像一般的商业企业，延续生命力仅要求明确的市场、充足的客户、产品的专业和唯一性、优秀的团队等条件，它还需要精神支柱，以维持企业更持久的发展，这就是以一砖一瓦铸就成就的工业精神。

因此，每每翻开《亨利·福特自传》的时候，董明珠总是在感叹："我想我是寂寞的，至少在中国的制冷工业界。我一直把踏踏实实做事的'工业精神'作为格力的发展信条之一，但真正能读懂其中含义的人又有多少？"

她由衷敬佩亨利·福特的为人。他是福特汽车公司的建立者，不但革命了工业生产方式，而且对现代社会和文化起了巨大的影响。美国学者麦克·哈特所著的《影响人类历史进程的100名人排行榜》一书中，亨利·福特是唯一上榜的企业家。

　　有人传言说格力进入了房地产业，但董明珠予以否认，她觉得她要静下心来，坚持一个吃亏的精神，宁可少赚，也要在空调行业里做到最精，做得最好。如果房地产业中一平方米赚几千块钱，回过头来一台冰箱赚几十块钱，那么心静不下来，就抛弃了格力的初衷，格力也就不再是格力。在某个时间段来讲，格力的产值可能没别人多，但具有竞争力，又有社会价值，它给社会带去的绝不仅仅是金钱而已。

　　马云曾经说，在过去的十年、二十年里，全球化更多是美国化，美国把自己的价值观、金融观，把自己的一切通过所有的手段传给了全世界。现在时代变了，这样的体系已经不能存在。而中国，则需要新的商业精神和商业文明——第一是开放，第二是分享，第三是全球化，第四是责任。其中，开放、分享、责任，正是现代工业精神的核心。

　　守住工业精神的初衷，是个困难而寂寞的过程，但董明珠觉得，这会让格力的脚步更有力量。她相信，在格力的身后，会有越来越多的有识之士加入跟跑的队列，给社会的可持续发展带来源源不绝的生机。

第七章
"我唯一的特质就是坚持"

企业家最大的特质是别人不做的你要
去做，别人不愿意承担的，你去承担。

稳中求进，走得更远

2015 年，一场"世纪婚礼"将媒体和世人的目光拉向英国伦敦的肯辛顿宫，美国豪门希尔顿和英国豪门罗斯柴尔德这两大家族举办了盛大联姻。一方是身家 15 亿美元的美国酒店业巨头希尔顿家族二小姐尼基·希尔顿，另一方是英国的银行界翘楚、罗斯柴尔德家族继承人之———詹姆斯·罗斯柴尔德。门当户对、结婚费用令人咋舌都成了媒体的谈资，也让人重新将目光投到越发显得低调的罗斯柴尔德家族上面。

罗斯柴尔德家族曾是 19 世纪欧洲最富有、最神秘的家族，被喻为两次世界大战间操纵全球经济的"幕后推手"，当时德国诗人海涅说："金钱是我们时代的上帝，而罗斯柴尔德则是上帝的导师。"可见这个金融帝国的影响力。然而，战争并不是没有给它带来伤害，罗斯柴尔德家族今日的地位，早已不如人们所想的那样，可是它依然有着不容小觑的影响力，尤其是在对金钱的运用上。

这是一个对金钱非常敏感的家族，近些年它倾向于游走在火热的投资界。不过，在美国陷入疯狂的投资年代时，罗斯柴尔德家族的投资策略依然保持保守和冷静的态度，这使得它长盛不衰。

"保守是我们的投资策略，如果你处于我的位置，就不难理解这个答案，如果我是家族的第一代人，我也许会敢做冒险的事情，但家族已经发展了 200 多年，未来还有很长的时间在等着我们，因此我们会回避高风险的投资，仔细考量风险。"已经 72 岁的投资人大卫·罗斯柴尔德在投资路上坚持谨慎而稳健的原则，因而数次金融危机，家族几乎不受影响，恰是保守，让家族的财富传承到现在。

提到"保守"二字时，人们不免想到顽固、守旧的字眼，然而，在很多企业、家族的发展历程中，稳健的保守经营策略，恰好是传承、守业的秘诀。从今天人们提倡冒险、进取精神来看，它或许是不可取的，可是却是年轻人需要拾起的态度和精神。董明珠就很重视这样的经营态度，并且不止一次在媒体面前说，格力需要沉住气，不眼红，不急躁，稳妥地、执着地走属于自己的专业化道路，才能守住自身的优势。

一直以来，格力坚持走专业化道路，实际是不被人看好的。这是一条独木桥，很可能被挤下水。目前格力产品已经覆盖家用空调和商用空调领域的 20 大类、400 个系列、7000 多个品种规格，是国内目前规格最齐全、品种最多的空调生产厂家。诚然专业化道路会让企业的路变得狭窄，但正如多年前朱江洪说的那样：专业的发展，就像推土机一样，虽然走得慢，却非常稳固。把专业做大，基础坚固，形成规模经济，才有可能经受住国内外市场的竞争考验。

近年的多元化发展给格力的诱惑是很大的，不能不说，格力动心过。众所周知，在空调行业曾出现过格力、美的两强相争的局面，两家公司在空调制冷方面一直竞争激烈，可是近些年两家企业秉承的发展道路发生改变，使得竞争局势不同以往。美的走上了多元化发展道路，而格力依然坚守专业化，于是在空调领域的业绩成长和行业地位显出了截然不同的结果：美的驶下"快车道"，不专心"玩"这个领域了；格力则持续提速，成为龙头。两家在空调领域的角逐不难看出，格力喜欢稳健型的发展道路，这是它保持竞争地位的手段。

很多人都劝说过董明珠，别做空调了，至少别死磕这一个领域，一台空调才赚几百块钱，做房地产一夜就赚多少亿。董明珠笑着拒绝了："那个钱不是我赚的，我就是劳苦命，就干这件事。不去做别的产业，是因为我们在空调这个领域里面还有很多事情要去研究，真的要静下心来，沉得住，不眼红。"正是格力对这一点的坚持，令它长盛不衰。

"沉得住，不眼红，不急躁"，说起来容易，做起来又哪里那么简单呢？就以时下最火热的话题"创业"为例，多少年轻人投入到了创业大军，扫兴而归，有的甚至多次创业多次失败，搞得"倾家荡产"，不是缺乏智商和情商，而是对于成功的过分期待和焦虑造成的。

一位年轻的风控人用自己的真实经历写下了年轻创业者应该注意的 7 条准则，这 7 条准则几乎都在奉劝急于求成的人，稳住心态，稳住行动，稳住钱包，才可能有机会成功。

第一，凡是能平地起高楼的，都是从一场不对称的闪击战开始，巩固初步胜利后，然后逐步打攻坚战扩大战果，最终打成资源消耗战。

第二，如果没有必胜的把握，尽量找一条足够长的跑道，不要还没起飞就摔下悬崖，那些两三年就决出一二三胜负的就属于短跑道。

第三，以前创业和巨头玩的是以快打慢和田忌赛马，现在失效了，巨头们自己的红利吃得差不多了，开始和创业公司动起手来。这种情况下再去创业，要么找到巨头真心做不了的方向，要么找到巨头想做又不愿意自己做的方向。

第四，大成常胜者心力、愿力皆强。心力指为了追求自身卓越而常年如一日的不停精进，玩命地使用甚至牺牲自己，而愿力是为了实现目的而想尽办法拼尽全力不择手段，甚至能够牺牲别人，让自己披荆斩棘摧枯拉朽所向披靡。不过，这两者也是对自己的长期慢性摧残。

第五，对人的凝聚和激励，激发起员工的主观能动性，是贯穿整个创业过程的。

第六，互联网创业和传统创业的一个关键区别是，市场不会给你超过 18 个月的时间慢慢来，要么鲤鱼跳龙门，要么温水煮青蛙。怎么选择，还是看你自己。

第七，创业中的管理永远是门艺术，而创业本身却越来越是门科学。艺术越钻越精，科学越钻越深。

不少年轻人随着而立之年的到来，越发感到焦虑。一是明显感觉身体在衰退、精力在下降；二是人生快过了一半，对目前生活状态不满意。这些促使人急于改变现状。然而相对地，失去年轻的冲劲儿之后，也会慢慢发现自己的缺陷，能够放低姿态，直面自己的缺点并主动地改正它，让冲动远离自己，让"沉住气，慢慢来"向自己靠近，这其实是非常好的转变。

一些企业的招聘者坦言，比起那些充满青春活力，一心向往成就一番事业的年轻人，他们更需要的是能沉得住气、耐得住寂寞的人。

首先，不能有功利心。一个人要做的事情是不断积累的过程，积累够了自然就有兑现自我价值的那一天，在这个过程中先要沉住气，学会等待，然后才是抓住机会，去施展才华。过于急功近利的人容易被短期利益蒙蔽双眼。大体能判断一个人是不是有功利心，看他的既往跳槽史就知道了。格力的用人制度和不招频繁跳槽者的策略，就是为了防止这样的人进入企业。

其次是肯干。做自己分内的事，做别人不愿意做的事，比别人多做一点儿，收获的就更多一点儿。

第三是谦卑。没有领导希望招聘一个趾高气扬、狐假虎威的人，这样的人不但损害自己，同时也会伤害领导对他的信任。气度可以看出一个人的发展前景是否有可持续性。

无论你想成为怎样的社会角色，是创业者，是经营者，还是工作岗位的坚守者，要做企业还是要做一项事业，冷静自守都是帮助你摆脱困境，走向胜利的绝佳心态。沉住气、不焦躁能让你保持清醒的头脑，遇事不慌，审时度势，冷静应对，把握全局。生命的短暂和实现人生更大的价值固然存在矛盾，能够平衡这种矛盾的方法，秘诀就是稳中求进了。

对自己狠一点

　　2012 年年底，又到了格力年度总结大会，这次一改以往去住五星级酒店、泡温泉的惯例，董明珠带着格力团队跑到部队军训了三天，就连她自己也穿上了军装，跟着女同事们组成了女兵队伍。

　　少年时期的董明珠就想过当兵。"当军人，穿上军装多威武呀！"有人说军装难看，可她就喜欢那个绿色，那个标志着捍卫国家的色彩。在她眼中，没有什么比军人更崇高、更无私。可是理想和现实总是有差距的，她没成为军人，反而成了一家公司的最高管理者。2012 年底的大会，她突发奇想，给自己圆一下军人梦，也是想给企业的全体员工来一次突击训练，让他们体会一下军人的辛苦和责任感。

　　她听到前去部队探路的员工汇报"环境太差"，于是亲自过去一趟瞅了瞅，发现开会只能露天席地，10 多个人住宿在一个营房。这种环境看起来差，可是跟真正的部队训练比起来，简直"太好了"。董明珠兴高采烈地跟员工说，就选这里了："战士都是守家卫国的，他们能过难道我们还不能过吗？"她总觉得员工们过得太安逸了，因为格力走上了一条稳健发展的路，所以她想让他们多吃点苦。

身边的人劝她，说她对自己狠也就罢了，对员工太狠，会伤大家的感情的。董明珠却说："对自己狠一点儿，逼自己努力，再过5年你将会感谢今天发狠的自己、恨透今天懒惰自卑的自己。"

"对自己狠一点儿"，董明珠已经不止一次地倡导这一理念。她就是一个对自己狠得下心的人，工作玩命，没有私生活，她倒不是希望她的员工也跟她一样，但是在敬业态度基础上的努力工作，是她希望看到的。她由衷希望员工能理解她的苦心，对自己狠一点儿，要求高一点儿，才能不断地把产品做得越来越好。

以前她在企业里设了700多个投诉信箱，得到来自四面八方的意见，从而找出了管理团队的差距、找出存在的问题，练就了一个优秀的干部队伍。她觉得这就是"狠"字在起作用，因为在这个过程中，为难的不是别人，而是自己，是自己的团队。她在格力电器这么多年，每一天都在"为难"自己、"为难"管理团队的日子中度过，真是吃尽了苦头，却也是卓有成效。别人问她，为格力电器付出值不值得，她觉得太值得，因为她在全世界都得到尊重，格力电器在全世界都受到肯定。

她到台湾出差，过安检时，安检人员抬头一看她，说："你就是董明珠。"董明珠笑了笑，对方又说："我用的是格力空调。"对方把格力空调和董明珠画了等号，让董明珠倍感骄傲。这种尊重和成就是金钱买不来的，原因就像她自己说得那样——对自己够狠，所以严格，越严格，出的成绩越好。

现代人的惰性越来越大，欠缺的就是对自己狠一点儿的决心。越来越多的心理学家通过大量的临床治疗表示，大多数人的心智成熟历程在被拉长。心智成熟的旅程本来就是漫长的过程，可是随着生活环境的安逸和物质、精神生活的富足，人们的思维变得更加怠惰和容易满足，所以心理成熟得越加缓慢。安定的生活让人独立、自律的能力大幅度降低，因为生活环境提供的硬件条件太便利了，让人很难对自己发狠。

比如，一个被很多人挂在嘴边的减肥问题，说了千百遍，可是还是难以自控，徘徊在减肥、不减肥的矛盾中。"我要减肥了，吃完这顿就开始。"在生活里，你我经常会听到这样的宣言。可是吃了一口之后还想吃第二口，最后想着，"既然我已经破坏了节食计划，不如把它吃光吧。"

这种心理现象就是"自我谅解"，对自己打破原则，对自己设想的庞大计划进行短暂搁置表示谅解。许多人都觉得，如果没有重视自己的失败，没有在自己没达到高标准时做自我批评，没有用自己不进步就会产生可怕的后果来威胁自己，他们就会变得懒惰。所以需要一个来自内心严格的严厉声音来控制自己的食欲、本能和弱点。

再如拖延症，国内曾针对大学生拖延行为进行过问卷调查。拖延是一种普遍存在的现象，大约75%的大学生认为自己有时拖延，50%的大学生认为自己一直拖延。严重的拖延症会对个体的身心健康带来消极影响，可能会出现强烈的自责情绪、负罪感，不断的自我否定、贬低，并伴有焦虑症、抑郁症等心理疾病。

拖延心理几乎是阻挡一个人事业有成最大的敌人。董明珠对格力人的首要要求就是把执行力提上来，它是有效利用资源，保质保量达成目标的能力。而董明珠自己也是个执行力特别强的人，说一是一，雷厉风行。名嘴陈鲁豫采访董明珠的时候，董明珠就直言："如果我去当兵一定是个好战士，执行力特别强。"所以她选择给员工们来场军训，除了让大家吃苦之外，还是要重申"执行力"。

人之所以不能很好地克服食欲、本能和弱点，本源是心智还不够成熟，所以大脑的自控系统起到的作用衰微，因此才需要家长、领导这些角色的外部约束。然而，实际的外部批评产生的压力可能会让人对弱点的控制力降低，罪恶感也会让人面对挫折变得更加萎靡，那么，该怎么改善这种心理和生理上的无法自控呢？

美国著名心理学教授凯利·麦格尼格尔吸收了心理学、经济学、神经学、医学领域关于自控的最新洞见，在斯坦福大学继续教育学院开设了"意志力科学"课程。该课程告诉人们如何改变旧习惯，培养健康的新习惯，如何克服拖延、抓住重点、管理压力；告诉人们为何会在诱惑前屈服，以及怎样才能抵挡诱惑；提出了理解自控局限性的重要性，以及培养意志力的最佳策略。听这个课程的人，不少需要对抗的敌人是毒瘾、抑郁、焦虑、破产、失业、离婚和对失败的恐惧。

在她的众多实践指导当中，有一条很关键，如果你患有焦虑症，那么"即使感觉焦虑，也要坚持做下去。我没有必要忘掉焦虑，也没有必要控制心跳加速。我虽然不能控制自己的感觉，但能控制自己做的事"。这句话潜在地提醒了我们，能够把意志力真正用上的，不是用它来做自己不想做的事，也不是一遍遍地给自己施加罪恶感，让自己感觉到自己越来越失败，而是用意志力来帮助我们得到自己真正想要的东西：维持健康，改善身体状况，使自己更加长寿；维护一段感情，让家庭变得更和睦；也可以是达到事业的顶峰，以便你为社会做出贡献。

所以，"对自己狠一点儿"，并不是要人虐待自己，强迫自己做不喜欢、不能做的事，而是在你感兴趣的基础上，不断鞭笞自己，为喜好、兴趣、工作、事业更加卖力，更加负责，你就能轻而易举地找到进步的能量和动力了。

年轻人该有的"创业三观"

"淡定"已经成为现代人生活中常见的高频词，当它出现得越频繁时，反映出的人心越浮躁。当我们总在骂这个社会浮躁，骂工作不好找，骂工资太低，骂创业太艰难时，是否想到是作为社会分子的自己在浮躁，才让整个社会显得不淡定。

有人说，这是社会文化环境太混乱造成的。每一天，我们接触的来自电视、报纸、互联网等各种新闻资讯，传达的不是某某某喷了某某某、某某上头条、某明星吸毒嫖娼被抓，就是哪个公司推出新产品、搞收购，哪个公司融资、上市。各类潮闻充斥眼球，洗刷着年轻人的三观，也让人越来越不忠于自己的职业，设想着如何快速发财，走上人生巅峰。

然而，是不是问题一定出在社会文化环境呢？也不见得。

董明珠曾在媒体上公开说过，有 10 种人是不可能获得高薪的：

1. 想双休的人。

2. 想朝九晚五的人。

3. 想靠底薪生活的人。

4. 没有企图心的人。

5. 没有与时俱进思维的人。

6. 做事慢悠悠的人。

7. 做人没品的人。

8. 不敢担当的人。

9. 老觉得自己产品太贵的人。

10. 老抱怨公司不足的人。

如果一定要把人等同于商品去估值，薪水大体意味着人在职场中的价值，应该拿多少薪水，就是职场价值大小的体现。但是什么样的人能拿到高薪，什么样的人和高薪绝缘，与社会文化环境没有太大关系，与人本身的学历、经验、特长、人脉、所处地域、所在行业等关联，不过最相关的，还是人的性格。可以说，社会变成什么样子，是不同的人的性格共同发酵后的结果。回过头再看，每个国家所反映出的意识形态不同，社会氛围不同，与社会人的普遍人生观、事业观息息相关。

董明珠常说："我们自己赚钱的目的不只是为了自己过得更好，而是让能够跟你认识的人，或者你能帮助的人，让他们也能过得更好。"这种社会责任感，是现代人越来越匮乏的，也是人心浮躁的结果。如果能够把"自己的行为要对别人负责任"的观念深入到自己的骨髓里，整个社会都会变得井然有序。

每每想到年轻人创业，董明珠认为，浮躁是年轻人最大的敌人。所以她给年轻人提个醒，人不仅要有三观，创业也要有三观，分别是"时间观""金钱观"和"市场观"。

时间观——创业不是趁早，随时都可以创业，关键要看好创业的时机。

　　国内耳熟的 90 后创业者如马佳佳、张天一、余佳文、陈安妮等，他们的成功让大部分刚入社会的年轻人变得极其不淡定。这些人的一举一动已经深深地影响了部分创业者的价值取向，让人们对创业产生了畸形的理解——网红、自我营销、融资成功、出人头地。许多年轻人梦想着自己一夜爆红，但是现实吗？很显然，和我们的生活离得很远，因为关注点错了。令你的创业能够成功的，除了你本身的激情和与众不同外，很重要的是你的想法是不是符合这个时代的需要，你提供的服务和产品是否与众不同。

　　因而，"早创业"绝对不是"创业成功"的代名词。被誉为日本"天才创业家"的板仓雄一郎写过一本书，叫《创业，生与死》，讲他如何从事业巅峰走向谷底的经历，他把他的失败经历描述得既精彩又残酷，也让我们清楚地知道：创业的成本非常高，或者说创业本身就是一个大坑，掉进去了，为此付出的绝不是简单的时间、精力跟金钱，还会失去陪伴亲人的机会、失去健康、甚至未老先衰或因熬夜工作而猝死。因此，创业能让你变得富足、能上头条都是不现实的，现实的是你有多少成功的可能性。

　　金钱观——创业不只是为了赚钱。

　　对 90 后创业热潮，董明珠其实是赞同的。但她不赞同人人都去当老板。绝大多数人并不需要靠自己开公司才能实现创业梦想。即便是在平凡的岗位上，也能够通过创新把工作做到极致，实现自己最大的价值，为社会创造了财富，这同样是创业。她讲到她的儿子跟他说过一句话："妈妈您能从零开始，我也可以。"

所以，儿子在外面给别人打工，一个月就是五千块钱，但是他干得很开心，很快乐，所以董明珠觉得就这点来讲，自己感到很欣慰。因为大时代环境没有让儿子变得焦急，变得世故。因此，董明珠给年轻人的建议是创业不能太急躁，不能急于求成。而且，创业者一定要有责任和担当，不能仅仅为了赚钱而去创业。

眼下许多创业者创业的目的是为了一夜暴富，通过包装、渲染，让自己的估值不断飙升，然后捞一笔钱就撤，这种投机行为并不是真正的创业。创业不是一个为了赚钱而赚钱的行为，相反它该是个单纯地为了实现梦想的事业，而越是单纯的东西，越是需要付出百倍的努力去捍卫它。所以创业，更多的是人心的考验。

市场观——看懂了市场再出手。

观察市场绝对是门技术活。首先要了解市场的大环境。如今最热门的要数"互联网+"相关行业，包括其渠道下沉、老年服务、消费升级、"黑科技"等，也存在很多创业机会，那么哪些是靠谱的呢？必须先做一下市场环境的调研。

在没有搞清楚自己的"创业三观"时，创业的动机和时机都是不合适的，年轻人或许不怕输，可是并不等于可以随意挥霍自己的青春、精力和金钱。当我们把自己的行为看作是为自己的将来负责，也是为别人负责时候，才会真正地理解现在所做行为的意义。